Doreen Virtue

Die Kristall-Kinder

Den Kristall-Kindern,
ihren Eltern, Großeltern und LehrerInnen.
Danke für eure Hilfe als Engel auf Erden!

Doreen Virtue

Die Kristall-Kinder

Ein Leitfaden für den Umgang mit der neuesten Generation medialer Kinder

KOHA

Titel der Originalausgabe:
»The Crystal Children«, first printing 2003
Hay House, Carlsbad, USA
Aus dem Englischen von Nayoma de Haën
Deutsche Ausgabe: © KOHA-Verlag GmbH Burgrain
 – 4. Auflage: November 2005
Lektorat: Eva Böttler
Umschlag: Chiaradina email: chiaradina@vienna.at
Gesamtherstellung: Karin Schnellbach
Druck: Ebner & Spiegel, Ulm
ISBN 3-936862-15-X

Einführung
Wer sind die Kristall-Kinder? 6

1. Im Mutterleib 13
2. Diese Augen! 18
3. Spätes Sprechen, Telepathie und Trancen 23
4. Hohe Sensitivität 35
5. Die geborenen Heiler 46
6. Magische, spirituelle Kinder 53
7. Verbindung zur Natur, zu Tieren und Steinen 60
8. Engel und unsichtbare Freunde 75
9. Musische Begabungen 83
10. Engelskinder 88
11. Essen, schlafen und wählerisch sein 93
12. Ratschläge von Eltern, Lehrern und den Kristall-Kindern selbst 107

Anhang: Auszüge aus Doreen Virtues Rundbriefen über die Kristall-Kinder 110

Über die Autorin 123

Wer sind die Kristall-Kinder?

Das Erste, was Ihnen an den Kristall-Kindern auffallen wird, sind ihre Augen. Sie haben große Augen mit einem durchdringenden Blick, durch den eine alterslose Weisheit zum Ausdruck kommt. Sie schauen uns fest an und scheinen in unseren Seelen zu lesen wie in einem offenen Buch.

Vielleicht sind Ihnen schon Exemplare dieser neuen »Art« von Kindern begegnet, die zur Zeit immer häufiger auftauchen. Sie sind fröhlich, herzig und großmütig. Sie sind höchstens sieben Jahre alt und gleichen keiner vorigen Generation. In vielerlei Hinsicht scheinen sie die Richtung zu weisen, in die die Menschheit sich entwickelt – und es ist eine gute Richtung!

Sie haben mit den älteren Kindern (im Alter von etwa sieben bis fünfundzwanzig Jahren), die wir »Indigo-Kinder« nennen, einiges gemeinsam. Beide Generationen sind höchst sensitiv und medial begabt, und beide haben eine wichtige Lebensaufgabe. Die Indigos zeichnen sich jedoch durch ihren Kampfgeist aus, da es ihre Aufgabe sein wird, die alten, nicht mehr funktionierenden Einstellungen aufzubrechen. Sie sind hier, um alle politischen, pädagogischen und juristischen Systeme, denen es an Integrität mangelt, niederzuschmettern. Dazu brauchen sie ein lebhaftes Temperament und feurige Entschlossenheit. Diejenigen Erwachsenen, die Veränderung scheuen und denen Konformität wichtig ist, missverstehen die Indigos leicht. Sie verpassen ihnen dann solche Etiketten wie »konzentrationsgestört« oder »hyperaktiv«. Wenn sie dann medikamentös behandelt werden, verlieren die Indigos leider oft ihre schöne Sensitivität, ihre spirituellen Begabungen und ihren Kampfgeist. In meinem »Praxisbuch für Indigo-Eltern« habe ich ausführlich über die Indigo-Kinder geschrieben und auch Lee Caroll und Jan Tober haben dieses Thema in ihrem Buch »Die Indigo Kinder« eingehend behandelt.

Die Kristall-Kinder dagegen sind bezaubernd und ausgeglichen. Natürlich haben sie auch ab und zu ihre Wutanfälle, doch im allgemeinen sind diese Kinder umgänglich und nicht nachtragend. Ihre Generation profitiert von den bahnbrechenden Errungenschaften der Indigos. Während jene die Machete schwingend alles niedermähen, was nicht integer ist, folgen ihnen die Kristall-Kinder auf dem so freigeschlagenen Weg in eine sicherere Welt.

Die Bezeichnungen für diese beiden Generationen wurden aufgrund der Farbe ihrer Aura und ihrer energetischen Disposition gewählt. Indigo-Kinder haben viel Indigoblau in ihrer Aura. Das ist die Farbe des sechsten Chakras, des so genannten Dritten Auges. Dieses Energiezentrum sitzt auf der Höhe der Augenbrauen in der Mitte des Kopfes und ist zuständig für Hellsichtigkeit sowie die Fähigkeit, Energien und Geistwesen zu sehen und Visionen zu haben. Viele der Indigo-Kinder verfügen über diese Gaben.

Die Kristall-Kinder haben eine wunderschön in vielen Pastelltönen schillernde Aura, ähnlich wie Opale oder wie die Lichtbrechungen in einem Bergkristall. Diese Generation zeigt auch eine Vorliebe für Kristalle und schöne Steine, über die ich später noch mehr berichten werde. Deswegen nennen wir sie »Kristall-Kinder«.

Die meisten Kristall-Kinder haben Folgendes gemeinsam:

- Sie sind 1995 oder später geboren
- Sie haben große Augen und einen Blick von außergewöhnlicher Intensität
- Sie sind äußerst anziehende Persönlichkeiten
- Sie sind sehr zärtlich
- Sie fangen spät an zu sprechen
- Sie sind sehr musikalisch und singen oft, bevor sie sprechen
- Sie verwenden Telepathie und eine selbsterfundene Zeichensprache, um zu kommunizieren
- Manchmal werden sie als autistisch diagnostiziert
- Sie sind ausgeglichen und liebevoll
- Sie verzeihen leicht
- Sie sind höchst sensitiv und mitfühlend
- Sie haben eine starke Verbindung zur Natur und zu Tieren
- Sie zeigen heilerische Fähigkeiten
- Sie interessieren sich für Kristalle und schöne Steine
- Sie sprechen oft über Engel, Geistwesen und Erinnerungen aus vergangenen Leben
- Sie sind künstlerisch hochbegabt und sehr kreativ
- Sie mögen lieber vegetarisches Essen und Säfte als »normale« Nahrung
- Manche von ihnen sind furchtlose Forscher und Kletterer mit einem außergewöhnlichen Gleichgewichtssinn

Die Kinder der Jahrtausendwende

Im Jahre 1995 spürten viele von uns eine nagende Ruhelosigkeit im Bauch. Nach den materialistischen 80er Jahren suchten wir nach Sinn und nach Möglichkeiten, etwas zum Wohl der Menschheit beizutragen. Diese Innenschau und die Suche nach Antworten und Erfüllung war der Anfang einer spirituellen Renaissance.

In jenem Jahr hatten viele Menschen tiefgreifende spirituelle Erfahrungen. Ich weiß das, denn am 15. Juli 1995 half mir die laute dröhnende Stimme eines Engels, einem bewaffneten Raubüberfall ohne jeden Kratzer zu entkommen. Seit dieser Erfahrung habe ich mein Leben der Weitergabe spiritueller Lehren gewidmet. Und mir sind zahllose Menschen begegnet, die 1995 ebenfalls in diesem Sinne spirituell »aufgewacht« sind.

Es ist also vielleicht kein Wunder, dass zu der gleichen Zeit auch die Kristall-Kinder begannen, hier bei uns anzukommen. Sie wussten, dass die Erwachsenen jetzt endlich für ihre höheren Schwingungen und ihre reinere Art zu leben bereit waren. Es gab schon ein paar ältere Kristall-Kinder auf unserem Planeten. Sie waren die Pioniere, die die Situation erkundeten und im Traumzustand nach Hause berichteten. Diese frühen Kristall-Kinder ließen uns zuerst wissen, dass im Jahre 1995 der Weg für eine größere Anzahl hochentwickelter Babys frei sein würde. Die Anzahl der Kristall-Kinder nimmt seitdem ständig zu und sie scheinen mit jedem Jahr über erstaunlichere spirituelle Fähigkeiten zu verfügen.

Missverstandene Gaben

Wie bereits gesagt, haben die zuvor geborenen so genannten Indigo-Kinder den Weg bereitet. Eine der Begabungen der Indigos ist, Unehrlichkeit so deutlich zu riechen wie ein Hund die Angst. Indigos wissen einfach, wenn man sie anlügt oder manipuliert. Ihre inneren Lügendetektoren sind ein integraler Bestandteil ihrer kollektiven

Aufgabe, uns in eine neue, integere Welt zu führen. Ihr Kampfgeist beunruhigt so manchen Erwachsenen, der sich davon bedroht fühlt. Außerdem sind die Indigos unfähig, sich an dysfunktionale Situationen anzupassen, sei es in der Schule, zu Hause oder am Arbeitsplatz. Sie können sich einfach nicht von ihren Gefühlen dissoziieren und so tun, als wäre alles in bester Ordnung – es sei denn, sie würden mit Medikamenten behandelt.
Auch die spirituellen Gaben der Kristall-Kinder werden leicht missverstanden, vor allem ihre telepathische Begabung, die sie häufig erst ziemlich spät mit dem Sprechen beginnen lässt.
In der neuen Welt, die die Indigos eingeleitet haben, werden wir alle uns unserer intuitiven Gedanken und Empfindungen viel bewusster sein und uns weniger auf das gesprochene und geschriebene Wort verlassen. Die Kommunikation wird schneller, direkter und ehrlicher sein, da sie von Geist zu Geist erfolgt. Bereits jetzt kommen immer mehr Menschen mit ihren medialen Fähigkeiten in Kontakt. Unser Interesse am Paranormalen hat einen enormen Aufschwung erfahren und dem wird in Büchern, im Fernsehen und im Kino entsprochen.
Es ist also nicht erstaunlich, dass die nächste Generation so telepathisch ist. Viele der Kristall-Kinder warten bis zu ihrem dritten oder vierten Lebensjahr, bevor sie mit dem Sprechen beginnen. Doch die Eltern können wunderbar innerlich mit ihren Kindern kommunizieren und die Kinder bringen sich darüber hinaus mit selbsterfundener Zeichensprache und mit Lauten zum Ausdruck.
Problematisch wird es erst, wenn medizinische oder pädagogische Fachleute das Verhalten der Kristall-Kinder als »anormal« abstempeln. Es ist kein Zufall, dass zur Zeit auch so viele Fälle von Autismus diagnostiziert werden.

Es ist kein Zufall, dass zur Zeit so viele Fälle von Autismus diagnostiziert werden.

Sicher sind die Kristall-Kinder anders als andere Generationen, doch warum müssen wir diese Unterschiede pathologisieren? Diese Kinder kommunizieren zu Hause erfolgreich und die Eltern haben keine Probleme. Warum dann welche herbeireden?

Die diagnostischen Kriterien für Autismus sind klar: Ein autistischer Mensch lebt in seiner eigenen Welt und hat keinen Kontakt mit anderen Menschen. Ein autistischer Mensch redet nicht, weil ihm der Kontakt mit anderen gleichgültig ist.

Kristall-Kinder sind da ganz anders. Wie Sie im Weiteren noch lesen werden, gehören sie zu der verbundensten, kommunikativsten, mitfühlendsten und zärtlichsten Generation. Sie sind philosophisch und spirituell begabt und sie sind von unglaublicher Freundlichkeit und Sensitivität. Ich habe zum Beispiel unzählige Geschichten über Kristall-Kinder erhalten, die spontan einen bedürftigen Menschen umarmten. Ein Autist würde so etwas niemals tun!

Es gibt viele Geschichten von herausragenden Menschen, die erst spät anfingen zu sprechen. Albert Einstein gehört dazu. Seine Schwester Maja berichtet, dass ihr brillanter Bruder schon über zwei Jahre alt war, als er seine ersten Sätze von sich gab. Angeblich soll er sich mit seinen ersten Worten darüber beklagt haben, dass die Milch zu heiß sei. Als ihn seine erstaunten Eltern fragten, warum er denn nicht schon früher geredet hätte, soll er geantwortet haben, dass vorher eben alles in Ordnung gewesen sei. (*U.S. News&World Report*, 9.12.2002)

Die Kristall-Kinder sind erstaunlich – nicht autistisch. Nicht diese Kinder sind dysfunktional, sondern ein System, welches einer Weiterentwicklung der Menschheit keinen Raum lässt. Wenn wir diese Kinder mit solchen Etiketten abstempeln oder durch Medikamente »normalisieren«, dann untergraben wir ein himmlisches Geschenk und zerstören eine neue Zivilisation, noch bevor sie erblühen konnte. Glücklicherweise gibt es jedoch viele positive Lösungen und Alternativen. Der gleiche Himmel, der diese Kinder gesandt hat, kann auch denen helfen, die sich für diese Kinder einsetzen.

EINS

Im Mutterleib

Es scheint so, als wäre alles außergewöhnlich, was mit den Kristall-Kindern zusammenhängt. Es beginnt mit ihrer Empfängnis. Etliche Briefe erzählen davon, wie leicht diese Kinder empfangen wurden. Mütter berichten, dass sie schon vor der Empfängnis mit ihren Kindern kommunizierten.

Katharina, die Mutter eines neun Wochen alten Jungen erzählt: »Mein Sohn nahm schon vor der Empfängnis mit mir Kontakt auf, um mir mitzuteilen, dass er geboren werden wollte. Er wurde in England in Glastonbury empfangen, einem heiligen Ort, den manche auch das Herzchakra der Erde nennen.
Ich habe gehört, dass im Zusammenhang mit den Kristall-Kindern magische Dinge geschehen. Das trifft auch auf meinen Sohn zu. Seit seiner Empfängnis haben sich viele wunderbare Dinge für uns manifestiert, unter anderem ein Haus an einem ganz besonderen Ort und ein vermehrter Geldfluss.«

Ich erhielt auch mehrere Briefe von Großeltern, die mit ihren ungeborenen Enkeln telepathisch kommunizierten. Viele der Frauen, mit denen ich sprach, erzählten von schwierigen Schwangerschaften, die jedoch von magischen spirituellen Erfahrungen und persönlichem Wachstum erfüllt waren. Mehrere Mütter berichteten von telepathischer Kommunikation mit ihren ungeborenen Kindern.

Eine Frau sagte, dass sie während der Schwangerschaft viele Botschaften von ihrem jetzt vier Monate alten Kind empfing. »Sie sagte uns immer wieder, dass sie ein Mädchen sei, doch wir glaubten ihr nicht. Sie teilte uns sogar das genaue Datum mit, an dem sie geboren werden würde, und so kam es auch.«

Eine andere Mutter, Diana Spencer, berichtete über außergewöhnliche Träume von Priesterinnen während der Schwangerschaft. Sie gebar dann eine Tochter.

Lori, die Mutter der zwölf Wochen alten Isabelle, erfuhr während ihrer Schwangerschaft eine körperliche Heilung, die sie ihrem ungeborenen Kind zuschreibt. Sie erinnert sich: »Ich wusste von dem Augenblick der Empfängnis an, dass dies ein besonderes Kind sein würde. Sie hatte so viel Licht und Liebe in sich. Bevor ich schwanger wurde, hatte ich Probleme mit Zellveränderungen am Muttermund. Sie sollten nach der Geburt entfernt werden. Während der Schwangerschaft wurde alle zwei Monate ein Abstrich gemacht, um die Entwicklung zu beobachten. Schon beim ersten Test waren keine Zellveränderungen mehr zu beobachten und in allen Folgeuntersuchungen fand sich kein Hinweis mehr, dass es hier überhaupt abnorme Zellen gegeben hatte! Ich weiß, dass dies mit dem besonderen Kind zusammenhing, das ich in mir trug. Isabelle besuchte mich oft in meinen Träumen und Meditationen. Ich konnte schon lange vor ihrer Geburt mit ihr kommunizieren. Mein Bauch strahlte auch eine erstaunliche Energie aus, warm, leuchtend und vor Liebe überfließend.«

Die Kristall-Kinder haben eine erstaunlich enge Verbin-

dung zur Natur, wie Sie im Weiteren noch erfahren werden. Cynthia Berkeley ahnte die Vorliebe ihrer Tochter für Wasser bereits während der Schwangerschaft:
»Ich schwamm mit Delfinen, als ich mit Leah schwanger war. Seitdem hat Wasser eine große Anziehungskraft für sie. Schon in meinem Bauch schien sie sich mit den kleinen Walen zu unterhalten, die wir an zwei verschiedenen Tagen sahen. Sie drehte und wendete sich und turnte in mir herum!
Ich habe sie schon ein paar Mal mit ins Schwimmbad genommen und sie versucht immer, ihren Kopf unter Wasser zu bekommen. Sie liebt das Wasser! Jetzt, im Alter von fünfzehn Monaten, versucht sie schon alleine zu schwimmen.«

Die Geburt

Ich erhielt mehrere Briefe, in denen mir Mütter berichteten, dass ihre Kinder ihnen telepathisch ihr genaues Geburtsdatum mitgeteilt hatten. Kathy DiMeglio hatte in diesem Zusammenhang eine besondere Erfahrung mit der Mutter Maria. Während der Schwangerschaft hatte sie sich Mutter Maria sehr verbunden gefühlt. Sie erfuhr, dass der 8. September als der Geburtstag Mariens gilt. Da der errechnete Geburtstermin acht Tage später lag, betete Kathy zur Mutter Maria um Hilfe, ihr Kind am 8. September zur Welt zu bringen. Kathy berichtet:
»Ich betete einfach zu Maria, dass unser Kind an ihrem Geburtstag geboren werden sollte und beließ es dabei. Ich vergaß es sogar, bis ich mit starken Wehen im Krankenhaus lag. Irgendwann während der Geburt fragte ich meinen Mann, welches Datum wir heute hätten, und er sagte: ›Donnerstag, den 8. September.‹ Ich wusste, es war

ein Wunder, ein Gottesgeschenk. Im Kreißsaal stand sogar eine Statue der Heiligen Mutter.«

Viele Mütter berichten von den erstaunlichen Augen und der Anziehungskraft ihrer neugeborenen Kristall-Kinder. Andrea Kiger erzählt zum Beispiel: »Meine drei Jahre alte Tochter Abbie war seit ihrer Geburt anders als andere Kinder. Nach der Geburt wurde sie mir auf die Brust gelegt und ich war überwältigt, mehr als bei meinem ersten Kind. Während ich schluchzte, faltete sie still ihre Händchen und schaute mir unverwandt in die Augen. Sie weinte überhaupt nicht! Die Schwestern waren etwas irritiert darüber. Mir selbst war es beinahe unheimlich. Mir war, als sähe ich in die Augen eines uralten Wesens. Sie blinzelte nicht, sie schaute nur. Ich hatte ganz deutlich das Gefühl, dass sie mit mir kommunizierte.«

Die Kristall-Kinder strahlen eine natürliche Autorität aus, als wären sie weise Alte in jungen Körpern. Sie scheinen gereifte Persönlichkeiten zu sein, kleine Zauberer und Hohepriesterinnen. Mancher Erwachsene fühlt sich eingeschüchtert. Ihre Macht beruht nicht auf roher Gewalt, sondern auf absoluter Entschiedenheit und kristallklarer Absicht. Eltern, die dieser Kraft zum ersten Mal begegnen, erschrecken manchmal ein wenig.

Lisa Roulet ist die Mutter der zwanzig Monate alten Kaitlyn, die schon Tage nach ihrer Geburt eine bemerkenswerte Kraft ausstrahlte:

»Kaitlyn wurde dreieinhalb Wochen zu früh geboren. Während der ersten drei Wochen schlief sie fast die ganze Zeit. Ihre außergewöhnliche Präsenz und Kraft fiel mir schon an ihrem sechsten Tag auf. Eigentlich hätte sie ja noch im Mutterleib sein sollen. Gegen mein besseres Wissen richtete ich mich an diesem Tag nach dem Rat anderer Menschen, die meinten, ich sollte sie mehr wach halten. Als ich sie anstupste, schaute mich Kaitlyn mit einem Blick an, der mir mit unglaublicher Kraft, Autorität und Bestimmtheit vermittelte, dass ich sie in Ruhe schlafen lassen sollte. An jenem Abend fühlte ich mich wirklich in der Gegenwart einer Gottheit.«

Das Charisma und die Anziehungskraft dieser Kinder hat wirklich etwas Göttliches, wie Sie im nächsten Kapitel noch erfahren werden. Diese Eigenschaften gehören zweifellos zu ihrer Ausstattung als zukünftige Führungspersönlichkeiten.

Zwei

Diese Augen!

Wie gesagt ist der intensive Blick ihrer weit geöffneten Augen eines der herausragenden Merkmale der Kristall-Kinder. Sie scheinen *alles* damit wahrzunehmen! Ihr Blick kann unangenehm werden, weil sie in alle Geheimnisse unserer Seele zu schauen scheinen. Wenn sie uns so ins Visier nehmen, fühlt es sich an, als würden wir von einem höheren Wesen gescannt.
Penny sagt zum Beispiel von ihrer zweijährigen Tochter Samantha, dass ihr Blick einem direkt in die Seele geht. Viele Mütter berichten, dass ihre Kinder vom ersten Tag an diesen Blick gehabt hätten.

Keli Carpenter erzählt, dass ihr Sohn Dakota seit seiner Geburt vor sechs Monaten den Leuten so intensiv in die Augen schaut, dass jeder das Gefühl hat, Dakota würde mit ihm sprechen. Dakotas Großmutter Wynona fügt hinzu: »Er schaut mir tief in die Augen und es fühlt sich an, als ob er direkt in meine Seele schaut. Schon wenige Tage nach seiner Geburt schaute er mir zwanzig Minuten lang unverwandt in die Augen.« Sie sprach innerlich mit ihm und hatte das Gefühl, dass er auf irgendeine Weise mit ihr kommunizierte – »...als wüsste er die Wahrheit über mich und alle Dinge. Es ist merkwürdig und aufregend.«

Pam Caldwell berichtet von ähnlichen Empfindungen:
»Gleich nachdem Hannah auf die Welt gekommen ist, starrte sie mich mit ihren großen, durchdringenden,

dunklen Augen an, als sei sie auf der Suche nach meinen Augen und meiner Seele. Es war sehr tief, aber nicht unangenehm. Sie war vom ersten Moment an so wach! Beim Einkaufen ist es den Leuten manchmal unangenehm, so angestarrt zu werden. Nicht dass es unheimlich wäre, aber man hat einfach das Gefühl, dass Hannah einen vollständig durchschaut.«

Diese Beobachtungen beruhen nicht nur auf elterlichem Stolz. Kelly Colby-Nunez hat fünf Kinder. Die Augen ihrer jüngeren Kinder im Alter von sechs, vier und anderthalb Jahren seien einfach anders, erzählte sie.
»Ein Blick in ihre Augen und man weiß sofort, dass sie hochintelligent sind und weiser als die älteren Kinder oder wir Erwachsenen. Ihre Augen glitzern wie ein Licht, das von Kristallen reflektiert wird. Immer wieder werde ich darauf angesprochen.«

Die Augen der Kristall-Kinder spiegeln ihr tiefes spirituelles Verständnis. Es sind liebevolle, geduldige und verständnisvolle Augen – wie die von Engeln. Nadia Leu, die Mutter der achtzehn Monate alten Celeste, erzählt:
»Vom ersten Augenblick an schien Celeste so weise, mitfühlend und verständnisvoll zu sein und gleichzeitig so über dem menschlichen Leiden zu stehen. Seit ihrer Geburt hat sie diesen starken, wissenden Blick und ihr Verhalten ist immer ruhig und sicher.«

Diese ausdrucksstarken Augen sind mit ein Grund, weshalb die Kristall-Kinder spät anfangen zu sprechen. Sie kommunizieren so viel – allein durch ihre Augen. Diese Augen sind Teil der faszinierenden Macht, die die Kristall-Kinder über uns Erwachsene ausüben. Viele Eltern erzählten mir davon, wie ihre Kinder Erwachsene hypnotisiert haben. Philippa berichtet zum Beispiel von ihrer achtzehn Monate alten Tochter Isabella, dass sie mit ihren Augen immer wieder für Aufruhr sorgt.

»Egal wo wir hingehen, die Leute bleiben stehen und nähern sich Isabella, um in ihrer Energie zu sein und in ihre kristallblauen Augen zu schauen. Oft sind sie völlig gebannt. Wenn Isabella jemanden ins Visier nimmt, ist es schwer zu entkommen – erst wenn sie genug davon hat und ihr Gegenüber loslässt.«

Magnetische Persönlichkeiten

Die Anziehungskraft der Kristall-Kinder erinnert an alte Geschichten von Hypnotiseuren, die einen anstarren und dabei murmeln: »Schauen Sie mir tief in die Augen, tief in die Augen, tief in die Augen!« Doch die Kristall-Kinder sind nicht manipulativ. Sie sammeln lediglich Informationen über die Menschen und diesen Planeten. Und sie senden durch ihre Augen Botschaften der Liebe, ein Geschenk, das wir zur Zeit dringend brauchen.

Selbst Menschen, die den Kontakt mit Kindern sonst scheuen, fühlen sich zu dem warmen Wesen der Kristall-Kinder hingezogen.

Sie schauen durch alles Oberflächliche direkt auf das göttliche Licht in jedem von uns und ihre Augen sind vor Staunen weit geöffnet. Die von ihnen ausgehende Liebe ist unwiderstehlich. Selbst Menschen, die den Kontakt

mit Kindern sonst scheuen, fühlen sich zu dem warmen Wesen der Kristall-Kinder hingezogen.
Die Mutter von Isabelle, die wir bereits kennen gelernt haben, berichtet, dass die Aufmerksamkeit, die ihre Tochter erregt, selbst für ein niedliches Baby ungewöhnlich sei.
»Die Leute fühlen sich sehr zu ihr hingezogen. Ich weiß, dass die meisten Menschen Kinder mögen, doch dies ist anders. Isabelle scheint Menschen anzuziehen, als sei sie ein Magnet aus reiner Liebe und Licht. Alle sagen das Gleiche über sie, wie schön sie sei, und ich weiß, alle Babys sind schön, aber nicht so. Sie strahlt von innen heraus etwas Besonderes aus, ein liebevolles Leuchten umgibt sie, welches sie wirklich schön macht. Sie hat auch unglaubliche Augen. Sie sind so voller Liebe, Verständnis und Weisheit.«

Die Kristall-Kinder verteilen heilende Liebe, wo immer sie hinkommen. Sie sind wie mobile Energieheiler, die von ihren Eltern im Kinderwagen durch die Gegend geschoben werden. Den Eltern ist dabei vielleicht gar nicht klar, welche wichtige Rolle sie spielen, indem sie ihre Kinder so in die Öffentlichkeit bringen.
Stephanie und Mark Watkeys aus Australien sind die stolzen Eltern des dreizehn Monate alten Bryn. Sie erzählen:
»Bryn zieht die Leute überall magisch an. Alle möglichen Leute sprechen ihn an und wollen in seiner Nähe sein. Er ist einfach ein wunderbares Kind, voller Lachen und Liebe. Er ist sehr aufgeschlossen und lebhaft und erregt überall Aufmerksamkeit. Jeder spricht uns auf seine Wachheit an. Es scheint so, als würden seine Augen alles und jeden in sich aufnehmen. Im Alter von dreizehn Monaten hat er den Ausdruck eines weisen alten Mannes und doch die Leichtigkeit eines glücklichen Kindes.«

Die Großmutter der drei Jahre alten Victoria berichtet, dass ihre Enkelin immer sehr aufmerksam war und in Bezug auf Intelligenz und Sensibilität ihrem Alter weit voraus sei.
»Sie ist überall der Mittelpunkt, selbst wenn sie kein Wort spricht«, erzählt ihre Großmutter. »Vollkommen fremde Menschen fühlen sich zu ihr hingezogen und sprechen ganz einfach mit ihr.«

Dieses Phänomen deutet den Ursprung und die Aufgabe der Kristall-Kinder an. Ihre hohen spirituellen Frequenzen und ihr egofreies Wesen lassen darauf schließen, dass sie spirituell hoch entwickelt sind. Wo kommen sie her? Sie haben einiges mit den Beschreibungen von Außerirdischen (wie E.T.) gemeinsam, die großen Augen und den kleinen Mund und die Begabung zur Telepathie. Doch die Wärme der Kristall-Kinder unterscheidet sich sehr von der mechanischen Energie, die in den meisten Begegnungen mit Außerirdischen wahrgenommen wird.
Vielleicht haben wir es mit einer Art inkarnierter Engel zu tun, die sich als süße kleine Mädchen und Jungen verkleidet haben. Eines ist jedoch sicher: Diese Kinder sind hier, um uns zu lehren und um uns zu retten – und zwar vor uns selbst. Doch wir müssen diesen Kindern *helfen*, uns zu helfen. Der erste Schritt dazu ist ein Verständnis für ihre einzigartigen Qualitäten.

Drei

Spätes Sprechen, Telepathie und Trancen

Im Alter von zwei Jahren wurde der kleine Harry als »autistisch« eingestuft, nachdem seine Sprachentwicklung deutlich hinter der seiner Altersgenossen zurückgeblieben war. Zuerst dachten seine Eltern und sein Arzt, dass er schlecht hörte. Sie verpassten ihm ein Hörgerät. Doch er sprach trotzdem nicht. Seine Mutter Karenanne erzählt:
»Harry hatte immer ein sonniges Gemüt und es war ihm offenbar überhaupt nicht unangenehm, nicht zu sprechen. Es schien so, als wäre das Sprechen etwas, was er tun würde, wenn er soweit war. Mit dem Lesen ging es genauso. Er zeigte keinerlei Interesse an Kinderbüchern, doch als er anfing, sich für ›Pokemon‹ zu interessieren, wurde schnell klar, dass er durchaus lesen konnte und er verschlang all die kleinen Bücher im Nu.«
Im Alter von fünf Jahren begann Harry zu sprechen. Auch seine Schreib- und Lesefähigkeit erwachte einfach irgendwann, und heute, im Alter von neun Jahren, vertreibt er sich seine Zeit mit der Lektüre von Kinderlexika und hat ein seinem Alter absolut angemessenes Allgemeinwissen. War Harry autistisch? Seiner Persönlichkeit nach nicht. Wie gesagt ist Autismus ein Zustand, in dem der Mensch ganz in seiner eigenen Welt lebt, ohne Kontakt mit anderen. Autisten sprechen nicht, weil sie die anderen gar nicht bemerken. Harry dagegen wendet sich mit Fragen an wildfremde Leute und nimmt mit anderen Kindern Kontakt auf, weil er an deren Spielzeug interessiert ist. Harry's Mutter erzählt, dass sie sich inzwischen daran gewöhnt hat, dass ihr Sohn fremde Leute anspricht. »Das

Erstaunliche dabei ist, dass die Leute seine liebevolle Art spüren und sich nicht ärgern, von ihm gestört zu werden. Er zeigt ihnen, wie man offener sein kann.«

Warum galt Harry als autistisch? Kann eine Verzögerung in der Sprachentwicklung solch eine schwerwiegende Diagnose rechtfertigen? Warum kann man nicht einfach sagen, dass diese Kinder eben spät sprechen lernen, anstatt sie mit psychiatrischen Diagnosen zu pathologisieren und zu beschämen?

Hunderte von Eltern aus aller Welt haben mir für dieses Büchlein Geschichten darüber geschickt, wie ihre Kristall-Kinder sich ihre Zeit genommen haben, bis sie mit dem Sprechen begannen. Statt darin eine »autistische Epidemie« zu sehen, wie es in den Medien dargestellt wurde, könnten wir in diesem Phänomen nach Hinweisen auf die evolutionäre Entwicklung der Menschheit suchen.

Wer weiß, vielleicht brauchen wir bald nicht mehr zu sprechen! Vielleicht ist das Reden bald veraltet, so wie wir irgendwann auch nicht mehr unsere Zehen dafür brauchten, auf Bäume zu klettern. Vielleicht ist die Telepathie dem umgreifenden Daumen vergleichbar, den wir im Laufe der Evolution entwickelt haben, also ein nützliches Attribut in einer sich verändernden Welt.

Im Vergleich zu mentaler Kommunikation erscheint die Sprache in der Tat unbeholfen und ungenau. An den großen Universitäten von Yale, Princeton und Stanford wird das Phänomen der geistigen Kommunikation bereits wissenschaftlich untersucht. Dabei ergaben sich unwiderlegbare Beweise dafür, dass Telepathie als eine messbare Fähigkeit existiert. Ich habe darüber in meinem Buch »The Lightworker's Way« berichtet.

Meine erste große Erfahrung mit Telepathie hatte ich im Alter von siebzehn Jahren, als mein geliebter Großvater bei einem Autounfall ums Leben kam. Eine Stunde nach seinem Tod erschien er mir. Ich war hellwach, nüchtern und war in völliger Verbindung mit ihm. Abgesehen von einem hellblauen Leuchten, das ihn umgab, sah er genauso aus wie immer. Dann begann er, zu mir zu sprechen – nicht mit seinem Mund, sondern geistig. Ich hörte seine Stimme in meinem Kopf so klar und deutlich, als wäre er lebendig und spräche in mein Ohr. Er sagte, ich solle nicht um ihn trauern, es ginge ihm gut. Wir kommunizierten noch ein wenig und dann war er weg. Auch der Bruder meines Großvaters, der in einer fernen Stadt lebte, sah seinen Geist in dieser Nacht.

Dieses Ereignis lehrte mich, den inneren Botschaften zu trauen, die ich Zeit meines Lebens von Engeln und aus der geistigen Welt empfangen hatte. Das half mir später, als ich ganz als Medium arbeitete. Es hilft mir immer noch beim Schreiben und bei meinen Vorträgen. Wenn mir jemand bezüglich meiner medialen Fähigkeiten oder schriftstellerischen Begabung Komplimente macht, antworte ich immer: »Danke, ich kann gut zuhören.«

Auch die Eltern von Kristall-Kindern müssen gute Zuhörer sein. Allein ein Kristall-Kind zu haben, scheint die schlummernden medialen Fähigkeiten der Eltern zu erwecken. Andrea Kriger behauptet, ihre dreijährige Tochter Abbie sei ein »klassisches« Kristall-Kind, weil sie alle Kriterien so gut erfüllt. Andrea sagt, dass sie mit der Geburt nicht nur ihre wunderbare Tochter zur Welt gebracht habe, sondern auch ihre eigenen medialen Fähigkeiten.

»Urplötzlich war ich in der Lage, bestimmte Dinge zu wissen sowie Verstorbene zu sehen und mit ihnen zu kommunizieren. Das geschah schon am Tag nach Abbies Geburt. Ich bin sicher, dass es eine Art Erwachen für mich war.«

Auch nach Nahtoderfahrungen berichten Menschen

über erhöhte mediale Fähigkeiten. Viele sagen, dass die große Liebe, die sie im Jenseits erfuhren, sie psychisch geöffnet hätte. Da ist es vorstellbar, dass auch der Umgang mit einem unglaublich stark liebenden Kind solch eine Wirkung haben könnte. Es gehört zur »Überlebens-Strategie« der Kristall-Kinder, sich medial begabte Eltern und Großeltern zu wählen. Schließlich braucht ein Kind, das nicht verbal kommunizieren will, telepathisch begabte Eltern, damit seine Bedürfnisse erfüllt werden.
Wie bereits gesagt, ist es für Kristall-Kinder nicht ungewöhnlich, dass sie erst im Alter von drei Jahren oder später mit dem Sprechen beginnen. Auch bei der sechs Jahre alten Tochter von Teresa Zepeda, die passenderweise Crystal heißt, war dies der Fall. Teresa erzählt:
»Bis zum Alter von drei Jahren sprach Crystal nur drei Worte: Mama, Papa und Nein. Dann verwendete sie plötzlich vollständige Sätze. Vorher hatte sie sich vor allem mit Grunzen und Zeichen verständigt. Wir nannten sie schon unser ›Höhlen-Baby‹. Doch sie hatte auch so ihre Art, uns ohne Worte wissen zu lassen, was sie wollte. Ich glaube, sie kommunizierte durch Telepathie. Es muss so gewesen sein. Wie hätten wir sonst gewusst, was sie dachte?«

Teresas Tochter entspricht dem von vielen Eltern beschriebenen Muster, nach dem diese Kinder praktisch über Nacht von einem minimalen Wortschatz zu umfangreichen Sprachkenntnissen übergehen. Catherine Poulton erzählt, dass ihr heute fünfjähriger Sohn Kylan erst im Alter von drei Jahren mit dem Sprechen anfing. »Kylan sprach lange nicht, er bildete noch nicht mal Hauptworte, und eines Tages sprach er in vollständigen Sätzen.«
Dieses späte Sprechen scheint nur für diejenigen ein Pro-

blem zu sein, die zur Besorgnis neigen. Für die Entspannteren unter den Eltern ist es kein Thema. Auch Beverly Moore, die Mutter des fünf Jahre alten Ethan, gehört dazu. Sie sagt, dass Ethan bis zum Alter von drei Jahren nichts sagte. »Er redete auch nicht in einer ›Baby-Sprache‹, wie es Kinder sonst tun. Ich fand das jedoch nicht so schlimm, ich dachte mir, wenn er was zu sagen hat, wird er schon reden. Ich hatte auch nie ein Problem damit, zu wissen, was Ethan wollte.«

Doch nicht immer tun sich Eltern so leicht damit, dass ihre Kinder »anders« sind. Eine Frau erzählte mir, dass es ihr peinlich war, weil die anderen Mütter ihren Sohn für stumm halten könnten. Manche Eltern fangen an, sich zu kümmern, Bücher über spätes Sprechen zu lesen und auf der Verhaltens- und Ernährungsebene alles Mögliche zu unternehmen, um die Sprachentwicklung ihres Kindes zu fördern. Evie berichtet, dass ihre zweijährige Tochter Mei gut auf Lernförderung reagierte.

»Mei war ein glückliches, waches Kind. Sie konnte schon im Alter von zehn Monaten laufen, doch sie entschied sich erst sehr viel später, zu sprechen. Wir führten einen Test durch, der eventuelle Sprachstörungen aufzeigen würde. Im sozialen und kognitiven Bereich schnitt sie außergewöhnlich gut ab, aber sie sprach einfach nicht. Im Alter von fünfzehn Monaten sagte sie ab und zu mal ein Wort. Ihr erstes Wort war ›Hi!‹. Der Arzt sagte, dass ihre Sprachentwicklung ungefähr vier Monate hinterher hinke. Ich arbeitete dann mit ihr zuhause und jetzt redet sie viel. Im Alter von zwei Jahren kennt sie bereits alle Farben, Buchstaben und die Zahlen bis Zehn.«

Etliche Mütter erzählten mir, dass ihre Kristall-Kinder

die mit der Lernförderung verbundene Extraportion Aufmerksamkeit genießen und dass ihr Vokabular dadurch zunimmt. Doch es gibt viele Arten der Kommunikation. Viele Eltern berichten, dass ihre Kinder eine eigene Zeichensprache erfanden. Eine Frau sagte, dass ihr Kind sich die Mühe machte, ihr ausführlich seine Zeichensprache beizubringen, damit sie einander verstehen konnten.
Kelly Colby-Nunez erzählt, dass ihre Jüngsten am liebsten durch Bilder kommunizieren. »Meine Kinder (sechs, vier und anderthalb Jahre alt) malen lieber, als dass sie reden. Sie verbringen Stunden damit. Mein Sechsjähriger hat mir auch erzählt, dass er sich mit seinen Freunden oft unterhält, ohne zu sprechen.«

Vielleicht liegt ein Grund für das späte Sprechen der Kristall-Kinder darin, dass ihnen die verbale Kommunikation fremd ist. Sue Jalil hatte bei ihrem vierjährigen Sohn Sean diesen Verdacht.
»Sean ist telepathisch sehr begabt. Seine Sprachentwicklung war so verzögert, dass man ihm ein Hörgerät einsetzte. Erst seit kurzem hat er seine Sprachstörungen überwunden. Auch jetzt noch tut er sich mit einigen Lauten schwer. Ich glaube, dass er zum ersten Mal hier auf der Erde ist und dass es ihm äußerst fremd ist, den Mund und die Zunge zum Kommunizieren zu verwenden. In der Vergangenheit war er wahrscheinlich nur telepathisch. Das Hörgerät machte übrigens keinen Unterschied.«

Viele Eltern und Ärzte nehmen zunächst an, dass die Sprachverzögerung auf einem physischen Hörproblem beruht. Penny erzählt, dass ihre beiden Töchter bis zum Alter von drei Jahren nicht sprachen. Bei Beiden wurde das Gehör untersucht, doch es schien alles in Ordnung zu sein. Penny meinte, dass sie sich nicht wirklich Sorgen gemacht hätte, denn irgendetwas sagte ihr, dass das Problem nichts mit dem Hören zu tun hatte.

»Mein Instinkt sagte mir, dass meine Kinder einfach kein überwältigendes Bedürfnis hatten, zu reden. Meine Älteste schien ihre eigene Sprache zu haben. Wir verstanden sie nicht, aber sie redete die ganze Zeit. Und bei beiden Kindern wusste ich immer irgendwie, was sie wollten.«

Penny sagt, dass ihr größtes Problem mit ihren Kristall-Kindern die Meinung anderer Leute war. »Die Leute stellten meinen Kindern Fragen und sie antworteten nicht oder wussten es nicht. Es gibt bestimmte Erwartungen bei Kindern in diesem Alter und meine Kinder erfüllten sie nicht. Ich versuchte zum Beispiel, ihnen beizubringen, wie alt sie sind oder wo ihre Nase ist, aber sie zeigten überhaupt kein Interesse daran, diese Dinge zu lernen.« Es war ihr peinlich, wenn ihre Kinder auf die Fragen anderer Leute nicht antworteten. Einmal meldete der Babysitter sie sogar dem Jugendamt, weil ihre Töchter kaum redeten, sondern bellten und so taten, als wären sie Hunde.

Wie bei vielen Kristall-Kindern waren auch bei Penny's Töchtern die motorischen Fähigkeiten altersgemäß gut entwickelt, doch ihre verbalen Fähigkeiten hinkten hinterher. Doch als die Mädchen jeweils drei Jahre alt wurden, öffneten sie sich plötzlich und begannen, ganz normal zu sprechen. Penny sagt. »Ich habe nie daran gezweifelt, dass es kluge Kinder waren. Ich muss mich aber immer wieder daran erinnern, dass es in Ordnung ist, Kinder zu haben, die anders sind. Sie werden einmal außergewöhnliche Menschen werden, da bin ich mir sicher.«

Eltern, die sich auf telepathische Kommunikation einlassen und Körpersprache erkennen und verwenden,

scheinen sich mit der verzögerten Sprachentwicklung ihrer Kinder am leichtesten zu tun. Eine Mutter namens Crystal erzählt:
»Meine Tochter ist fast zwei Jahre alt. Sie spricht noch nicht und scheint auch kein Bedürfnis danach zu haben. Wir schauen einander an und wissen, was die andere will. Im Moment scheint es also nicht notwendig, dass sie redet.«

Einer anderen Mutter, Misty Rose, fiel es leicht, sich mit ihrer Tochter Leah nonverbal zu unterhalten. Doch Misty erzählt, dass sie ihre Tochter im Alter von zwölf Monaten daran erinnern musste, dass nicht jeder mit ihr telepathisch kommunizieren konnte und dass sie daher Worte lernen müsse. Diese Information schien zu helfen. Im Alter von zwei Jahren spricht Leah jetzt so gut wie manche Drei- oder Vierjährige. Ein Teil der Übereinkunft zwischen Eltern und ihren Kristall-Kindern besteht darin, dass die Eltern den Kindern die »Regeln« des Erdenlebens vermitteln.

Telepathische Kommunikation

Kristall-Kinder werden mit medialen Fähigkeiten geboren. Schon als Säuglinge drehen sie den Kopf und folgen mit den Augen den Bewegungen von Engeln und Geistwesen. Durch ihre angeborenen Begabungen ist es ihnen auch selbstverständlich, Gedanken lesen zu können. Viele Eltern haben mir ähnliche Geschichten erzählt wie Natascha. Sie ist die Mutter des fünf Jahre alten Tyrique. Sie sagt, dass die Aussagen ihres Sohnes sie immer wieder in Erstaunen versetzen. Sie schwört, dass er ihre Gedanken lesen kann.

Kristall-Kinder werden mit medialen Fähigkeiten geboren

Eines Tages fuhren die beiden schweigend miteinander im Bus. Natascha dachte darüber nach, ob Tyrique das kommende Wochenende mit seinem Vater verbringen würde. Plötzlich platzte Tyrique heraus: »Papa holt mich Freitag ab und nimmt mich mit zu seinem Haus.« Am folgenden Tag dachte Natascha darüber nach, was sie zum Abendessen machen wollte, als Tyrique sagte: »Mama, ich habe eine gute Idee. Warum kochst du nicht etwas mit Reis zum Abendessen?« Als Natascha ihn fragte, woher er wisse, was sie denkt, antwortete er: »Gott sagt es mir in meinem Kopf.«

Tyrique hat seine Fähigkeit gut zuhören zu können schon mehrfach nützlich unter Beweis gestellt. Eines Tages zog sich Natascha gerade an, um zur Arbeit zu gehen. Sie kämpfte mit einem Reißverschluss, der nicht zuging, obwohl die Hose nicht zu eng war. In dem Augenblick kam Tyrique aus dem Nebenzimmer und sagte: »Mama, du musst die Hose erst zuknöpfen, dann funktioniert auch der Reißverschluss.« Natascha fragte sich, woher er überhaupt gewusst hatte, dass sie Schwierigkeiten mit ihrem Reißverschluss hatte. »Ich dachte, ich tue ihm den Gefallen und knöpfte mir vor seinen Augen die Hose zu und zog dann wieder am Reißverschluss in der Überzeugung, dass er immer noch nicht funktionieren würde. Doch er ging mühelos zu!« Als Natascha ihren Sohn fragte, warum er gerade in dem Augenblick ins Zimmer gekommen sei, um ihr zu helfen, sagte er nur: »Ich weiß es einfach. Ich höre halt auf mein Inneres.« Und trollte sich. Bis zum heutigen Tag muss Natascha diese Hose zuknöpfen, um den Reißverschluss hochziehen zu können.

Die Kristall-Kinder lehren uns, unseren intuitiven Gedanken und Gefühlen zu vertrauen. Als Carolyn ihre sechsjährige Tochter Haley über ihre telepathischen Fähigkeiten befragte, antwortete Haley, dass sie in das Gehirn ihrer Mutter schauen und ihre Gedanken sehen könne.
Seit 1996 halte ich weltweit Seminare über die Entwicklung medialer Fähigkeiten und ich weiß, dass es dabei außerordentlich wichtig ist, auf Gedanken, Empfindungen, Worte und Visionen zu achten und ihnen zu vertrauen. Die Kristall-Kinder sind dafür wunderbare Vorbilder. Jaimie erzählt, dass ihre achtzehn Monate alte Tochter Isabella kurz bevor ihr Vater abends heimkehrt, selbstsicher »Papa, Papa« ruft. Und wenn das Telefon klingelt, sagt sie manchmal »Oma« und dann ist tatsächlich ihre Großmutter am anderen Ende der Leitung.

Einer der Gründe, weshalb Kinder so medial begabt sind, ist ihre Gleichgültigkeit gegenüber der »Echtheit« ihrer Botschaften. Sie sorgen sich nicht darüber, ob etwas wirklich oder ausgedacht ist. Für Kinder ist alles »wirklich«!

Die Kristall-Kinder können offensichtlich Gedanken lesen. Magda erzählt, dass ihre vier Jahre alte Tochter oft ausspricht, was sie denkt. »Ich saß zum Beispiel eines Abends an ihrem Bett während sie schlief. Ich dachte ›Ich liebe dich!‹, und im Schlaf antwortete sie ›Ich liebe dich auch!‹«
Wenn die Kristall-Kinder älter werden, kann diese tele-

pathische Begabung entweder ausgefeilt oder unterdrückt werden. Ersteres geschieht, wenn die Eltern diese Begabung des Kindes loben und sich selbst darin üben. Letzteres entsteht, wenn die Eltern sich vor dieser Fähigkeit ihres Kindes fürchten, weil es ihnen unheimlich ist.
Telepathie gehört zu der göttlichen Ausstattung der Kristall-Kinder, um die Welt von Täuschungen zu befreien. Wenn jemand telepathisch ganz offen ist, kann ihn niemand anlügen. Wenn die Kristall-Kinder erwachsen werden, kann ihnen kein Politiker oder Verkäufer etwas vormachen. Gemeinsam werden sie die Bewohner dieses Planeten zwingen, Integrität zu zeigen.
Telepathie hat auch unmittelbare Vorteile. Crystal erzählt, dass sie auch in Notsituationen mit ihrer dreijährigen Tochter Zoey telepathisch kommuniziert. Wenn Zoey zum Beispiel zu weit weg läuft, dann ruft ihr Crystal telepathisch »Halt!« zu und Zoey bleibt sofort stehen und dreht sich zu ihrer Mutter um.

Trancezustände

Manchmal versinken Kristall-Kinder in Trancen und hören ihre Eltern offensichtlich nicht mehr. Das geschieht vor allem, wenn sie draußen in der Natur sind. Dieser Trancezustand wird oft für die Diagnose »Autismus« angeführt. Doch das stimmt bei den Kristall-Kindern insofern nicht, als sie sich nur zeitweise ausklinken.
Ich persönlich versetze mich in Trance, wenn ich channele oder Informationen empfange. Bevor ich meine spirituelle Begabung wirklich anerkannte, empfing ich viele Engel-Botschaften beim Fernsehen, weil dabei die ganze Aufmerksamkeit auf einen Punkt gerichtet ist, ähnlich wie bei einer Kristallkugel.

Andrea erzählt von ihrer dreijährigen Tochter Abbie auch, dass sie beim Fernsehen in Trance verfällt: »Wenn der Fernseher läuft, wird Abbie derart davon absorbiert, dass sie um sich herum nichts mehr hört. Wir müssen ihren Fernsehkonsum wirklich einschränken. Abbie ist eine sanfte Seele, eine Heilerin, eins mit der Natur und den Tieren. Die Technologie entspricht eigentlich nicht ihrem Wesen, doch sie wird ganz davon aufgesogen und kann sich dem nicht entziehen. Wir müssen dann den Computer oder den Fernseher ausschalten, damit sie uns wieder wahrnimmt.«

Eine andere Mutter, Denise Bunning erzählt, dass ihre Tochter Alice in jüngeren Jahren in Trancen verfiel. Denise nahm dann Alice`s Gesicht in ihre Hände und drehte es, damit ihre Tochter ihr in die Augen sehen musste. Heute, im Alter von fünf Jahren, verwendet Alice die gleiche Methode bei ihrer Mutter. Wenn Denise ihr nicht zuhört, dreht das Mädchen das Gesicht ihrer Mutter so, dass sie ihr in die Augen schauen muss!

Viele Eltern berichten auch davon, dass ihre Kinder in der freien Natur oft unglaubliche Konzentration zeigen, fast als ob sie in Trance wären. Sie starren minutenlang einen Käfer oder Blätter an. Diese Konzentrationsfähigkeit wird ihnen später in ihren Führungspositionen zugute kommen.

VIER

Hohe Sensitivität

Kristall-Kinder verlassen sich in ihrer Meinungsbildung über Menschen oder Situationen auf ihre Intuition statt auf Annahmen, die auf äußerer Erscheinung oder Vorurteilen beruhen. Ihre Intuition scannt ständig ihre Umgebung, wie ein Radar. Niemand kann vor ihnen seine wahren Gedanken, Gefühle oder Absichten verbergen. Und sie können sich selbst auch nicht vor dieser Wahrnehmung der Wahrheit verstecken, selbst wenn sie es manchmal lieber nicht wüssten. Sensitivität ist manchmal mehr ein Fluch als ein Segen. Sensitive Menschen können unabsichtlich negative Energien aufnehmen, die sie dann unangenehm beeinflussen.

Dania erzählt, dass ihr drei Jahre alter Sohn Koa hochsensitiv ist. Es sei die größte Herausforderung für sie, herauszufinden, wie sie ihrem Sohn helfen kann, wenn er von äußeren Energien beeinträchtigt wird.

»Koa ist so empfindsam. Wenn irgendjemand in seiner Umgebung starke Gefühle wie Wut oder Frustration unterdrückt, dann agiert er das aus. Es ist schwierig, diese Kinder zu begleiten, denn sie reagieren so stark auf ihre Umgebung. Inzwischen haben wir ein wunderbares Haus mit ausgezeichneter Energie. Wir haben zuvor jedoch an anderen Orten gewohnt, wo schon die Energie des Hauses Tränen und Verwirrung auslöste. Koa geht es am besten, wenn er von positiver Energie umgeben ist, und ein Haus mit gutem Energiefluss ist für ihn äußerst wichtig.«

Sie können die gute Energie Ihres Heimes sicherstellen, indem Sie Ihre Wohnung der alten chinesischen Lehre des Feng Shui entsprechend einrichten. Terah Kathryn Collins gibt dazu in ihrem Buch »Feng Shui im Westen« gute detaillierte Anleitungen. Auch die in meinem Buch »Die Heilkraft der Engel« beschriebenen Raumklärungen sind wirkungsvoll.

Sensitivität für globale Energien

Die Kristall-Kinder werden auch von den kollektiven Energien auf diesem Planeten stark beeinflusst. Wenn Angst die Massen ergreift oder weltverändernde Ereignisse bevorstehen, dann reagieren sie oft mit Depressionen oder Erregtheit. Sara erzählt, dass ihr Sohn Zak am 11. September 2001 zwei Jahre alt war. Sie leben in London, Sara hörte gegen 22 Uhr in den Nachrichten von den Zwillingstürmen, als aus dem Kinderzimmer merkwürdige Geräusche drangen. Sie lief hin.
»Er war in einem schrecklichen Zustand«, erzählt sie. »Seine Hände umkrampften seinen Hals und er rang um Atem! Ich hatte so etwas noch nie gesehen. Ich hörte eine körperlose Stimme sagen. ›Rufe einen Krankenwagen!‹ Das tat ich auch. Der Notarzt warf nur einen kurzen Blick auf Zak und fuhr ihn dann mit Blaulicht zum Krankenhaus. Er rang weiterhin um Atem und ich befürchtete, dass er dabei war, uns zu verlassen.« Als sie im Krankenhaus ankamen, war Zak schon blau angelaufen. Die Ärzte diagnostizierten einen akuten Krupp-Anfall. »Es war schrecklich«, erinnert sich Sara. »Die Ärzte waren aschfahl. Meine innere Führung ließ mich meine Kristallkette abnehmen und über Zak halten, während ich um seine Heilung betete. Er wurde wieder gesund. Die Ärzte sagten

mir später, das wäre der schlimmste Krupp-Anfall gewesen, den sie je gesehen hatten.«

Die Kristall-Kinder werden von den kollektiven Energien auf diesem Planeten stark beeinflusst.

Auch ein amerikanisches Kristall-Kind namens Chad reagierte sehr empathisch auf die globale Situation, die die Ereignisse vom 11. September heraufbeschworen hatten. Als Erstklässler konnte er schon selbst seine Gefühle beschreiben:
»Ich träume davon, den Menschen in Afghanistan zu helfen. Sie sind am Sterben. Selbst wenn sie viele Menschen in unserem Land getötet haben, soll man andere Menschen so behandeln, wie man selbst behandelt werden möchte. Man soll seinen Nächsten helfen. Sie leiden unter vielen Krankheiten. Es ist traurig, dass eine Menge Leute so etwas getan hat, aber ich verzeihe ihnen.«

Wenn Eltern sich Sorgen machen, dass ihre Kinder niedergeschlagen, überdreht oder furchtsam sind, dann sollten sie einmal beobachten, ob sie auf globale Ereignisse reagieren. Viele Kinder werden davon unbewusst beeinflusst. Rufen Sie den Erzengel Michael an, über Ihre Kinder zu wachen, oder bitten Sie die Mutter Maria darum, sie zu trösten. Beide sind unabhängig von Konfessionen. Reden Sie mit Ihren Kindern und geben Sie ihnen Raum, ihre Ängste oder Frustrationen zum Ausdruck zu bringen.

Das Wesen der Sensitivität

Die Generationen vor den Indigos und Kristall-Kindern konnten so tun, als wäre alles in Ordnung, auch wenn dem nicht so war. Diese neuen Kinder verfügen nicht über die Möglichkeit zu verdrängen. Sie spüren die Gefühle der anderen als wären es ihre eigenen.

Catherine berichtet, dass ihre dreijährige Tochter eine der besten Beobachterinnen ist, die ihr je begegnet sind. »Ihr entgeht nichts«, erzählt sie. »Meine Tochter steht mit den Menschen und ihren Emotionen in starkem Einklang. Mein Mann und ich müssen sehr aufpassen, wenn wir in ihrer Gegenwart unterschiedlicher Meinung sind, denn sie versucht sofort zu vermitteln und ruht nicht, bis alle wieder friedlich sind. Sie fragt immer wieder nach, ob wir glücklich seien, bis wir es wirklich sind.«

Die Kristall-Kinder sind als Friedensstifter hier und sie merken, wenn jemand nicht im Frieden ist. Nach Aussage ihrer Mütter zeigen die dreijährigen Taylor, Emily, William und Zoey alle diesen Charakterzug:

- Taylor unterbricht das, was er tut, wenn er ein Kind weinen hört. Er fragt dann: »Was fehlt ihm?« und will wissen, ob er helfen kann. Jeden Tag berichtet er seinen Eltern, wer im Kindergarten geweint hat und warum. Er scheint sehr damit beschäftigt, den Traurigen helfen zu wollen.
- Emily verfügt über keinen großen Wortschatz, doch wenn sie spricht, dreht es sich meistens um Gefühle. Ihre Mutter Wendy berichtet, dass ihre Tochter genau mitbekommt, wenn in den Erwachsenen Gefühle hochkochen, und irgendwie findet sie dann auch die Worte, das zu benennen und darauf hinzuweisen

– »obwohl ich mich sehr bemühe meine Gefühle und Gedanken vor ihr zu verbergen.«

- William ist leicht verletzt und am Boden zerstört, wenn er meint, etwas unbewusst falsch gemacht zu haben.
- Zoey umarmt und tröstet jeden, den sie weinen sieht. Sie sagt dann: »Ist schon in Ordnung, ist schon gut, soll ich dir ein Küsschen geben, damit es besser wird?« Und sie sagt jedem, dem sie begegnet, dass sie ihn liebt.

Auch Rihana und Isabelle sind sehr empfindsam:

- Die zwölf Monate alte Rihana weint ganz schrecklich, wenn sie meint, jemanden physisch oder emotional verletzt zu haben.
- Die zwölf Wochen alte Isabelle wird sehr schnell unruhig und weint, wenn sie in der Nähe zorniger oder negativer Menschen ist. Ihre Mutter erzählt jedoch, dass sie auch eine beruhigende, friedenstiftende Ausstrahlung hat. »Ihre Energie ist so stark und liebevoll, dass sie auf jeden sofort besänftigend wirkt.«

Empfindsame Körper

Die Kristall-Kinder sind nicht nur emotional, sondern auch physisch empfindsam. Zu viele Reize können sie leicht aus dem Gleichgewicht bringen.

Kristall-Kinder reagieren empfindlich auf Lärm.
Penny erzählt, dass ihre Töchter im Alter von zwei und vier Jahren große Schwierigkeiten damit haben, wenn jemand verärgert seine Stimme erhebt. »Ich achte jetzt mehr darauf, wie ich mit den Mädchen rede, wenn ich

mich ärgere«, sagt sie. »Weil ich weiß, wie intensiv sie empfinden, muss ich auf die Lautstärke meiner Stimme und die Intensität meines Ärgers achten.«

Kristall-Kinder reagieren empfindlich auf Menschenmassen.
Beth sagt von ihrem dreijährigen Sohn Taylor, dass er sich in großen Menschenansammlungen unwohl fühlt. »Er war schon seit seiner Geburt so«, erinnert sie sich. »In seinem Kindergarten gab es kürzlich eine Feier, doch er wollte nichts damit zu tun haben. Es war ihm zu unruhig und zu laut. Er lief hinaus und stand lieber Kekse essend unter einem Baum.«

Kristall-Kinder reagieren empfindlich auf Temperaturen.
Cathy berichtet, dass ihr dreijähriger Sohn William kälteempfindlicher ist als andere Menschen.

Kristall-Kinder reagieren empfindlich auf Unordnung und Durcheinander.
Wenn die sechsjährige Haley das Gefühl hat, ihr Zimmer sei zu unordentlich, dann räumt sie auf und verkündet, sie bräuchte jetzt eine energetische Raumklärung. Ihre Mutter gibt ihr dann eine besondere Glocke, mit der sie ihr Zimmer energetisch reinigen könne. Nachdem sie diese Glocke rituell geläutet hat, sagt Haley dann: »Mama, jetzt ist die Energie in meinem Zimmer richtig gut!«

Kristall-Kinder reagieren empfindlich auf chaotische Verhältnisse.
Die zweijährige Mei wird ganz überdreht, wenn sie an Orten mit hektischer Aktivität ist, wie zum Beispiel in einem Kaufhaus zur Weihnachtszeit. Zu Hause sei sie nie so aufgedreht, sagt ihre Mutter.

Kristall-Kinder reagieren empfindlich auf künstliche Inhaltsstoffe und Chemikalien.
Jaimie berichtet, dass ihre 18 Monate alte Tochter Isabella eine sehr empfindliche Haut hat: »Ich verwende jetzt nur noch natürliche Stoffe, denn von gewöhnlicher Seife wird ihre Haut ganz trocken. Wir benutzen jetzt Seife mit Nachtkerzenöl. Sie reagiert auch viel besser auf pflanzliche Heilmittel, von denen mein Apotheker glücklicherweise viele herstellt. Auf allopathische Medikamente reagiert sie immer mit Erbrechen, ihr kleiner Körper scheint diese Dinge reflexartig abzulehnen. Doch pflanzliche Mittel behält sie gut bei sich.«

Scheinbar unzerbrechlich

Offensichtlich wachen Engel über die Kristall-Kinder, denn viele von ihnen scheinen durch nichts Schaden zu nehmen, als wären sie unzerbrechlich.
Tori's Mutter erzählt, dass ihre vier Jahre alte Tochter nie auch nur einen Kratzer abbekommt, selbst wenn sie noch so wild mit den Tieren gespielt hat. Sie liegt zum Beispiel auf dem Boden und die großen Hunde der Familie toben über sie hinweg oder der große Kater faucht sie an, aber nichts hinterlässt eine Spur an ihr.
Andrea berichtet von einer Situation, wo ihre sechs Monate alte Tochter Abbie auf unglaubliche Weise unverletzt davonkam. »Ich war mit Abbie auf dem Arm auf dem Parkplatz ausgerutscht«, erzählt sie. Abbie entglitt ihr und lag zu ihrem Schrecken mit dem Gesicht nach unten auf dem Asphalt und rührte sich nicht. Andrea nahm sie schnell und drehte sie um, da lächelte Abbie sie an. Sie hatte sich absolut nichts getan. Andrea sagt, dass Abbie häufiger Unfälle hatte, aber auf wundersame Weise immer

unbeschadet davongekommen ist. »Es scheint fast so, als wäre sie physisch unzerbrechlich, obwohl sie emotional so empfindlich ist. Sie mag keinen Lärm, keinen Streit, keine Gewalt und weder raue Spiele noch rotes Fleisch.« Kristall-Kinder können es sich also leisten, empfindlich zu sein, denn sie werden beschützt. Ihrer wichtigen Lebensaufgabe wegen wacht der Himmel über sie. Diejenigen von ihnen, die sich trotzdem mal verletzen, brauchen diese Erfahrung vielleicht für ihr spirituelles Wachstum. Viele der Eltern, die mir geschrieben haben, berichten nicht nur von der scheinbaren Unverletzlichkeit dieser Kinder, sondern auch von ihrer Furchtlosigkeit. Vielleicht beruht das darauf, dass sie immer das Beste erwarten. Ihr Optimismus wirkt anziehend für Erfahrungen von Sicherheit und Geborgenheit.

Furchtlosigkeit

Der kleine Junge war unglaublich! Ich saß auf der Terrasse eines Strandhotels in Kona auf Hawaii und konnte meine Augen nicht abwenden. Seine Kleider waren so bunt, dass alles daneben verblasste, und er balancierte auf Mauern entlang! Ich schätze, er war ungefähr sieben Jahre alt und lief gerade auf einer Mauer von 1,20 m Höhe entlang, als wäre er ein Geländewagen. Die Mauerkrone war schmaler als der Fuß des Jungen, doch das störte ihn offensichtlich nicht. Er ging sicheren Schrittes, ohne Zögern und schwankte kein einziges Mal. Schließlich hatte sein Großvater genug davon, dieser Verspottung der Schwerkraft zuzuschauen und rief ihn zu sich. Der Junge sprang von der Mauer als hätte er Federn in den Füßen und verschwand mit seinem Großvater im hawaianischen Sonnenuntergang.

Seit diesem Tag ist mir aufgefallen, dass Kristall-Kinder über erstaunliche motorische Geschicklichkeit verfügen. Das passt zu neuesten Ergebnissen in der Forschung über Intelligenzquotienten. Dabei unterscheidet man zwischen verbaler Intelligenz und nonverbaler Intelligenz. Der IQ für verbale Fähigkeiten ist bei Kristall-Kindern niedrig, während der für nonverbale Fähigkeiten sehr hoch ist. Der Gesamt-IQ ist recht hoch, da dafür der Durchschnitt beider Werte ermittelt wird.

Viele Kristall-Kinder sind motorisch sehr versiert, auch wenn sie verbal hinterher hinken. Zusammen mit ihrer unglaublichen Furchtlosigkeit macht sie das zu mutigen Forschern und Entdeckern! Diese Furchtlosigkeit passt zu dem Selbstvertrauen, das die Kristall-Kinder in anderen Bereichen aufweisen, wie zum Beispiel im Umgang mit wilden Tieren oder in ihren medialen Vorhersagen.

Da Furcht eine Funktion des niederen Selbst ist (des Ego), weist ihre Furchtlosigkeit einmal mehr auf die hohe Entwicklungsstufe der Kristall-Kinder hin. Sie vertrauen, lieben und genießen es, diesen Planeten zu erforschen!

Cynthia Berkeley berichtet von ihrer fünfzehn Monate alten Tochter Leah, dass sie sich in ihrem Körper sehr wohl zu fühlen scheint und einen unglaublichen Forscherdrang besitzt.

»Es scheint fast so, als kenne Leah keine Furcht. Sie klettert auf alles hinauf und drüber und findet mit Leichtigkeit heraus, wie sie Dinge bewegen kann. Ich werde immer wieder darauf angesprochen, wie weit sie motorisch schon ist. Ihr Raumgefühl ist enorm und sie kletterte schon im Alter von neun Monaten alleine die Treppe rauf und runter. Auch auf dem Spielplatz schreckt sie vor nichts zurück. Sie kennt einfach keine Furcht.«

Auch Harry, den Sie schon kennengelernt haben, hat nie Furcht gezeigt. Karenanne sagt, dass ihr das immer wieder Sorgen bereitet habe, als er noch kleiner war, und um seiner Mutter willen habe er dann gelernt, vorsichtig zu sein. »Ich glaube, dass Harry einfach weiß, dass er sicher ist. Er sorgt sich nie um etwas. Er sagt: ›Mir passiert nichts, Mama.‹ Natürlich kennt er weder Besorgnis noch Furcht, wenn er eine hochentwickelte Seele ist.«
Die Kristall-Kinder sind nicht nur furchtlos, sondern sie scheinen auch viel Freude daran zu haben, ihre physische Umgebung zu erkunden. Tara erzählt von ihrem sechzehn Monate alten Sohn Grant, dass er sehr mutig sei. »Grant liebt das Balancieren über alles! Neulich fand ich ihn, wie er auf dem Sitz seines Feuerwehrautos stand. Als Nächstes balancierte er auf dem Steuerrad! Er hielt seine Arme hoch in die Luft und war unglaublich stolz auf sich.«

Natürliche Instinkte

Vielleicht sind diese Kinder natürlicher, instinktiver. Sie haben einen besseren Kontakt zu ihrem Körper. Die Engel sagen mir, dass so unsere Zukunft aussieht. Seit meiner Kindheit habe ich Visionen von einer Welt, die natürlicher ist als die heutige, in der Technologien durch unsere von Gott gegebenen Fähigkeiten der telepathischen Kommunikation ersetzt werden. Es ist eine Welt mit klarer Luft, sauberem Wasser, einem tropischen Klima und vielen Früchten und Gemüsen. Die neuen Kristall-Kinder sind eine Vorahnung dieser Welt.
Ellen Welch hatte sich zum Beispiel vor kurzem ein Yoga-Video zur Entspannung besorgt. »Da man sich das Video erst einmal anschauen soll, bevor man die Übungen mitmacht, ließ ich es laufen und erledigte dabei ein paar

Hausarbeiten«, erzählt sie. Ihre vierjährige Tochter Erin setzte sich vor den Fernseher und machte alle Übungen und Haltungen nach. Sie unterbrach nur ein Mal, um nach Hilfsmitteln für eine bestimmte Übung zu fragen. Auf dem Video wurden zwei Yoga-Sets mit einer Gesamtdauer von 70 Minuten gezeigt. Erin machte die ganze Zeit mit und rief dabei ihrer Mutter zu: »Mama, das tut so gut, wir sollten das jeden Abend vor dem Schlafengehen machen.«

Erin hat Recht – das sollten wir tun.

FÜNF

Die geborenen Heiler

Kristall-Kinder strahlen so viel Liebe aus, dass schon ihre reine Anwesenheit eine heilende Wirkung ausübt, doch sie verfügen darüber hinaus über bemerkenswerte Fähigkeiten auf diesem Gebiet. Selbst sehr kleine Kristall-Kinder scheinen instinktiv zu wissen, wie sie mit ihren Händen, Gedanken und selbst mit Kristallen auf heilende Weise Energie senden können. Die folgenden Geschichten sprechen für sich. Sie geben uns eine Ahnung von einer Zukunft, die von natürlichem und spirituellem Heilen geprägt sein wird.

Heilerin im Krabbelalter

Die heilerischen Fähigkeiten von Andrea's Tochter zeigten sich schon im frühen Kindesalter. Eines Tages lag Andrea krank im Bett und ihr Mann kam mit dem sieben Monate alten Kind ins Zimmer. Andrea erzählt, dass sich ihre Tochter neben sie auf das Bett setzte und sie mit großen Augen anschaute. Dann legte sie ihr beide Hände auf den Bauch. »Das ging ungefähr zehn Minuten lang so und meinem Mann wurde es langsam unheimlich«, berichtet sie. »Als sie fertig war, wurde sie wieder ein ›normales‹ Kind und wollte spielen. Es war unglaublich.«

Von Engeln belehrt

Im Alter von fünf Jahren begann Haley ihren Eltern von den Engeln zu erzählen, die sie sah und hörte. Sie sagte, am meisten würde sie mit Raphael arbeiten, dem Erzengel des physischen Heilens, aber sie würde auch von dem Engel des Wissens und dem Engel der Liebe unterrichtet. Sie beschrieb eine Maschine, welche die Engel in ihr Zimmer brächten, an der sie lernen würde, andere Menschen zu heilen. Sie erzählte auch von den Schatten, die sie um kranke Menschen herum sah.

Inzwischen ist Haley sechs Jahre alt und wenn jemand in ihrer Gegenwart verärgert ist, öffnet sie das Fenster und schnippt die negative Energie hinaus. Ihre Mutter Carolyn erzählt: »Ich liebe es, wenn Haley ihre Hände auf meine Schultern legt und sie sanft nach unten drückt. Das beruhigt mich. Einmal geschah es, während wir eine Zeremonie abhielten, dass Haley sich die tibetische Klangschale nahm und sie über unsere Köpfe hinweg bewegte. Dann öffnete sie mit ihrer Hand unsere Kronenchakren. Sie wusste, was sie tat. Sie hatte so etwas noch nie getan, doch es fühlte sich sehr richtig an und geschah mit so viel Liebe, Freundlichkeit und Mitgefühl.«

Ein Junge heilt seinen Hund

Als sie erfuhren, dass ihr Hund Gator eine tödliche Krankheit habe, waren Magda und ihre beiden Kinder sehr unglücklich. Magdas Tochter weinte, doch der sechsjährige Austin ging still in sein Zimmer und holte den Energiestab, den ihm seine Großmutter (eine spirituelle Heilerin) gegeben hatte. Austin bewegte den Kristall, der an dem einen Ende des Stabes befestigt war, über dem Hund. Erstaunlicherweise legte Gator sich hin und schien mit der Heilung einverstanden zu sein.

Austin bewegte den Stab ungefähr eine halbe Stunde lang über dem Hund und erzählte ihm dabei, dass er nicht

sterben würde und dass er ihn gesund mache. Als er fertig war, sagte Austin freudig zu seiner Mutter. »Mama, Gator kommt wieder in Ordnung. Ich habe ihm mit meinem Zauberstab geholfen und jetzt geht es ihm besser.«
Austin war von seiner Großmutter in Reiki eingeweiht worden und so gab er dem Hund noch einen Monat lang mit Hilfe des Zauberstabs Reiki. Magda erzählt, dass der Hund sich heute bester Gesundheit erfreut und dass die Familie glücklich und vollständig sei.

Crystal heilt sich selbst und ihre Mutter

Teresa Zepeda sagt, dass ihre Tochter Crystal eine Heilerin sei, die sich schon mehrfach selbst geheilt habe. So sei die ganze Familie zu Crystals viertem Geburtstag am Strand gewesen, als ihre Tochter anfing, über Ohrenschmerzen zu klagen. Teresa sagte ihrer Tochter, sie solle sich selbst heilen, sonst müssten sie alles einpacken und zum Arzt fahren. Das wollte Crystal nicht. Teresa wies ihre Tochter an, ins Auto zu gehen, sich hinzulegen, ihre Hand aufs Ohr zu legen und Gott und Jesus um Heilung zu bitten. Nach zehn Minuten kam Crystal schmerzfrei zurück. »Sie hat einen starken Willen«, erzählt Teresa. »Sie wollte so gerne am Strand bleiben, dass sie es geschafft hat.«
Ein anderes Mal tat Teresa der Rücken weh und sie bat Crystal um eine Heilung. Sie legte sich die Hände ihrer Tochter auf die schmerzende Stelle, doch Crystal zog sie wieder weg und sagte: »Ich muss dir nicht die Hände auflegen, um dich zu heilen.«
Die Schmerzen verschwanden sofort, als seien sie nie da gewesen. »Ich hatte vor vierzehn Jahren einen mehrfachen Bandscheibenvorfall und seitdem immer wieder schlimme Schmerzen«, erzählt Teresa. »Vor Crystals

Heilung musste ich oft deswegen im Bett bleiben. Seither war das nie wieder nötig und ich habe nur noch hin und wieder ein bisschen Probleme mit dem Rücken.«

Vollkommener Glaube

Alle Arten von Heilung enthalten einen Anteil Glauben: schulmedizinische, naturheilkundliche und spirituelle Heilungen. Untersuchungen haben gezeigt, dass der Glaube des Patienten und des Behandlers eine wichtige Rolle für das Ergebnis der Behandlung spielen. Zweifellos ist der unbedingte Glaube der Kristall-Kinder ein Grund für ihre heilerischen Erfolge.

Die drei Jahre alte Victoria nennt sich selbst »Dr. Toria« und kann bereits auf eine beachtliche Reihe vertriebener Kopf- und Rückenschmerzen bei Familienmitgliedern und Freunden verweisen. Seit ihrer frühen Kindheit wollte Victoria, wenn sich jemand verletzt hatte oder sich unwohl fühlte, die Person küssen oder die schmerzende Stelle berühren, bis es besser sei.

Ihre Großmutter erzählt, dass ihre Enkelin davon überzeugt ist, dass man schlechte Sachen einfach wegwerfen könne. »In ihren Heilungen tut sie so, als könne sie das ›Bubu‹ ergreifen und in die Luft schleudern. Sie merkt immer, wie es anderen geht und ist sich so sicher, dass sie allen helfen kann.«

Einmal besuchte die Großmutter mit ihr ein Altersheim. Natürlich wollte Victoria alle Insassen heilen und konnte nur mit Mühe davon überzeugt werden, dass sie einen alten, gebrechlichen Menschen nicht von allen seinen Problemen heilen könne oder dass es angemessen sei, einen Menschen im Rollstuhl der Gnade Gottes anzuvertrauen. Victoria erwiderte nur gelassen: »Ich spreche doch mit

Gott, Oma.« Ihr Glaube an sich selbst und ihre Fähigkeit, die Welt zu verändern, sei erstaunlich und wunderbar mit anzusehen, sagt ihre Großmutter.

Trost von den Kristall-Kindern

Die Kristall-Kinder heilen nicht nur die physischen Körper, sondern auch die Herzen der Menschen. Sie bieten unter anderem an:

- ***Emotionale Heilung***: Nachdem der Bruder der vier Jahre alten Lois gestorben war, hatte die Familie etwa fünfzig Trauergäste zu Besuch. Ihr Vater Mick erzählt, dass seine Tochter die ganze Zeit damit verbracht hätte, mit den trauernden Erwachsenen durch den Garten zu spazieren und ihnen zu erklären, dass Jack nicht wirklich weg sei. Sie machte es allen leichter, indem sie ihnen den Garten mit den darin lebenden Engeln und Feen erklärte.
- ***Trost***: Der vier Jahre alte Colin weiß intuitiv, wie er einen bedürftigen Menschen trösten kann. Als er mit seinen Eltern einmal bei Verwandten zu Besuch war, wurde eine Frau krank. Colin bestand darauf, bei ihr im Schlafzimmer zu sitzen. Obwohl sie die meiste Zeit schlief, saß er still neben ihr, und wenn sie aufwachte, brachte er ihr etwas zu trinken oder rief jemanden, wenn sie Hilfe brauchte. Er war eine Quelle der Heilung, Kraft und Unterstützung.
- ***Mitgefühl***: Untersuchungen haben gezeigt, dass Kinder meistens den Kontakt mit behinderten Kindern vermeiden. Doch diese neue Generation scheint dieses Muster zu durchbrechen. Sie zeigen natürliches Mitgefühl für Menschen, die es schwer haben. Die drei

Jahre alte Zoey freundet sich zum Beispiel *vorwiegend* mit körperbehinderten Kindern an. Eine ihrer Spielkameradinnen ist gehbehindert und schief gewachsen. Crystal, Zoey's Mutter, erzählt, dass dieses kleine Mädchen große Fortschritte gemacht hat, seit es mit anderen Kindern zusammen in den Kindergarten geht und mit Zoey spielt. »Es ist sehr bereichernd, zu sehen, dass unsere Kristall-Kinder keine Vorurteile kennen.«

- ***Beratung***: Kristall-Kinder haben eine Begabung dafür, das Richtige zu sagen, um andere zu trösten, zu inspirieren oder aufzurichten. Von Natur aus optimistisch veranlagt, helfen sie anderen, den Silberstreif in den Wolken des Lebens zu sehen. Zum Beispiel zeigt Carter mit seinen fünf Jahren bereits eine natürliche Begabung dafür, anderen hilfreich zur Seite zu stehen. Carters Mutter erinnert sich daran, dass ihre Freundin Ingrid eines Tages zu Besuch kam. Ingrid ist eine begabte Hypnotherapeutin und Künstlerin und fühlte sich an diesem Tag nicht gut. Der kleine Carter ging zu ihr und sagte: »Du bist eine wunderbare und begabte Therapeutin, Ingrid.« »Sie dachte, ich hätte ihn dazu angestiftet«, erzählt Carters Mutter. »Aber das stimmte nicht. Ich hatte Carter auch noch nie das Wort ›Therapeutin‹ oder ›begabt‹ verwenden hören. Ich weiß nur, dass Carter einen Sinn dafür hat, wer Liebe braucht und sie dann gibt.«

Die Kristall-Kinder heilen nicht nur die physischen Körper, sondern auch die Herzen der Menschen.

Diese Liebe zu geben ist die kollektive Aufgabe der Kristall-Kinder. Sie lehren uns, Liebe zu empfangen. Es ist an uns als ihren erwachsenen Begleitern, ihnen zu vermitteln, dass sie keine Angst zu haben brauchen zu lieben und dass es in Ordnung ist, tiefe Gefühle zu haben und darüber zu sprechen. Wir müssen ihnen vor allem in ihrer Jugendzeit zur Seite stehen, damit sie auf diese natürliche Weise liebevoll bleiben.

Sechs

Magische, spirituelle Kinder

Selbst in Familien ohne formelle religiöse oder spirituelle Orientierung äußern sich Kristall-Kinder über profunde esoterische Themen. Manchmal sind es die Eltern, die ihnen etwas über Gott, Gebete, Engel, Zeremonien und dergleichen beigebracht haben, doch häufig bringen diese Kinder ein inneres spirituelles Wissen bereits mit. Sie sind kleine Philosophen, Priester und Weise. Ganz offensichtlich sind sie in Einklang mit dem Göttlichen und bringen ihr Wissen auch aus anderen Inkarnationen mit.

Die dreijährige Erin kam eines Tages ins Wohnzimmer, als ihre Eltern gerade eine Szene aus dem Film »Speed« sahen, wo ein Flugzeug und ein Bus zusammenstoßen und eine riesige Explosion auslösen. Erin dachte, das seien die Nachrichten und dass dort wirklich Menschen verletzt worden seien. Sie schaute ihre Eltern mit großen Augen an, fiel auf die Knie und sagte: »Wir müssen zu Gott beten!« Erins Mutter erzählt, wie überrascht sie war, dass dieses kleine Mädchen so schnell von »Oh wie schrecklich« zu »Wir müssen um göttliche Hilfe bitten« umschaltete. Erins Reaktion auf die Tragödie – auch wenn sie sich nicht wirklich ereignet hatte – ist ermutigend. Sie ist ein weiterer Hinweis auf die Richtung, in die wir gehen, auf eine Welt, in der die Menschen in einer Krise nicht in Furcht und Panik verfallen, sondern sich im Gebet dem Göttlichen zuwenden.

Kristall-Kinder sind sehr philosophisch veranlagt und sprechen gerne über spirituelle Themen, die eher ins Reich der Erwachsenen zu gehören scheinen. Melissa erzählt zum Beispiel von ihrem sieben Jahre alten Sohn Liam, dass er ständig Fragen stellt, die für sein Alter erstaunlich seien. Er will wissen, was ein ›Seelenkörper‹ ist, wer Gott ist und dergleichen. Manchmal beantwortet er seine Fragen dann auch selbst. Vielleicht löst sein Fragen eine Art Öffnung für höhere Weisheit in ihm aus. Er sagt dann zum Beispiel: »Wir alle sind Gott.« Melissa freut sich über Liams spirituelle Bestrebungen. Sie sagt: »Solange Liam weiter so bleibt, wie er ist, ist er ein Geschenk für die Welt.«

Mondenergie

Die Kristall-Kinder haben eine starke Verbindung zu den Energien der Erde, der Natur, des Mondes und der Sterne. Ähnlich wie die alten Druiden, Babylonier und Ägypter sind sie ganz gebannt vom nächtlichen Sternenhimmel und von Vollmondnächten. Vielleicht ist es ihre hohe Sensitivität, die sie für die heilenden Kräfte des Mondes empfänglich macht. Viele dieser Kinder sehen abends den Mond und die Sterne bevor die Augen der Erwachsenen sie ausmachen können.

»Mond« war auch das erste Wort, was die kleine Isabella von sich gab. Ihre Mutter Jamie erzählt: »Isabella liebt den Mond und sagte ›Mond‹, als sie ihn zum ersten Mal sah. Sie konnte noch nicht mal Mama oder Papa sagen. Es war eine wunderbare Nacht gewesen und ich hatte sie mit nach draußen genommen. Isabella staunte, zeigte auf den Vollmond hoch am Himmel und sagte: ›Ooooh, Mond!‹ Sie war damals etwa neun Monate alt.«

Die Kristall-Kinder haben eine starke Verbindung zu den Energien der Erde, der Natur, des Mondes und der Sterne.

Kristall-Kinder lieben den Mond offensichtlich genauso sehr wie andere Kinder ihr Spielzeug. Beth erzählt zum Beispiel von ihrem drei Jahre alten Sohn Taylor, dass er in der Dunkelheit stundenlang in seinem Kinderzimmer sitzt und durch das Fenster den Nachthimmel beobachtet.
Diese Kinder spüren auch die Mondzyklen. Petra erzählt, dass ihre dreijährige Tochter Julie normalerweise die ganze Nacht ohne Probleme durchschläft, doch zu Vollmond ist sie jedes Mal ein bis zwei Stunden lang wach.

Magische Fähigkeiten

Die Kristall-Kinder haben nicht nur spirituelle und heilerische Fähigkeiten, manche von ihnen scheinen auch Alchemisten und göttliche Magier zu sein. Sie widersetzen sich den Gesetzen der Schwerkraft und bewegen Dinge Kraft ihrer Gedanken! Viele Eltern haben mir dazu kleine Geschichten geschrieben. In manchen Fällen wurde ich gebeten, diese nur anonym weiterzugeben. Die Eltern fürchteten die Folgen, wenn die Begabungen ihres Kindes bekannt würden. Ich halte diese Geschichten für wahr. Sie tragen die Emotionen, die Einzelheiten und die Authentizität in sich, die wahre von erfundenen Geschichten unterscheiden. Doch urteilen sie selbst anhand der folgenden Beispiele.
»Psychokinese« ist die Fähigkeit, durch geistige oder

emotionale Kräfte Dinge zu bewegen. Etwas Ähnliches geschieht, wenn die persönliche Ausstrahlung einer Person die Elektrik eines Geräts, einer Uhr, einer Batterie oder sogar von Straßenlaternen außer Kraft setzt. Die Kristall-Kinder zeigen darin so manche Begabung.

Da gibt es zum Beispiel einen siebenjährigen Jungen, der in Frankreich lebt und den ich Adam nennen will, da seine Mutter mich um Anonymität bat. Er erzählt in allen Einzelheiten von Leben auf anderen Planeten und verschiedenen vergangenen Inkarnationen, inklusive des genauen kulturellen, ethnischen und sprachlichen Hintergrundes. »Als er drei Jahre alt war, eröffnete er mir, dass ich nicht seine erste Mutter sei«, berichtet seine Mutter. »Ich habe mir euch jetzt als Eltern ausgesucht und ihr macht das ganz gut.«

Adam zeigt oft außergewöhnliche Fähigkeiten. Im Alter von vier Jahren sagte er zum Beispiel eines Morgens zu seiner Mutter: »Dein Vater ist heute nicht zur Arbeit gegangen. Es war so stürmisch draußen, da ist er spazieren gegangen.« Adams Großvater lebt in Amerika, mit einem Zeitunterschied von sechs Stunden. Der Montag hatte in Amerika noch nicht begonnen, Adam sah also die Zukunft! Am nächsten Abend rief die Mutter ihren Vater an und erfuhr, dass die Vision ihres Sohnes zutreffend gewesen war.

Adams Mutter erzählt, dass er auch Macht über materielle Objekte hat. »Eines Tages hat er mir gezeigt, wie man eine Kerze ohne Streichholz immer wieder anzünden kann – und wir saßen draußen im Wind! Er kann sich unglaublich konzentrieren und einen Gummiball levitieren lassen. Ich weiß, dass er dafür eine Weile geübt hat, aber er hat es geschafft. Ich hörte, wie der Ball auf den Boden schlug und ging nach oben in sein Zimmer, um nachzusehen, was er gerade tat. Bevor ich ins Zimmer kam, hatte er es schon zwei Mal geschafft, dann wollte er es mir zeigen und er schaffte auch das. Ich traute meinen Augen kaum! Der Ball erhob sich ein paar Zentimeter über die Bettdecke und fiel dann mit einem Plumps auf den Boden, als hätte ihn jemand herunter geworfen!«

Adams Mutter erzählte mir von ihrer Sorge, was andere Menschen wohl über die Fähigkeiten ihres Sohnes sagen würden, da sie in einer fundamentalistischen religiösen Gemeinschaft leben. Außerdem beunruhigt es sie, dass ihr Sohn sich nach dem Levitieren von Dingen erschöpft und leicht verletzlich fühlt. Ich hoffe, dass sie ihre Furcht nicht auf Adam überträgt und ihn damit veranlasst, seine Begabung zu unterdrücken.

Eine andere Frau, die auch anonym bleiben möchte, erzählt von ihrem vier Jahre alten Sohn und ihrer vier Monate alten Tochter ganz Ähnliches. Als sie erst ein paar Wochen alt war, ließ ihre Tochter schon ein Holzspielzeug durch die Luft fliegen und ein paar Meter von seiner ursprünglichen Position wieder landen. Vier Erwachsene und zwei Kinder sahen dabei zu. Die Mutter glaubt, dass ihre Tochter diese psychokinetische Wirkung erzielte, weil sie frustriert war darüber, dass sie nicht sofort gestillt wurde. Auch ihr Sohn war ein sehr waches Baby und konnte Dinge beeinflussen. Mehr als ein Mal »schaltete er den Fernseher aus«, als er auf ihrem Arm lag, um so ihre ungeteilte Aufmerksamkeit auf sich zu ziehen.

Auch Tinas acht Wochen alte Tochter kann elektrische Geräte manipulieren. Tina erzählt: »Ich nehme meine Tochter mit zur Arbeit und wenn sie meinem Computer zu nahe kommt, bleibt das Betriebsystem stehen. Meiner Kollegin ging kürzlich der Monitor kaputt und auch unser Drucker hat schon verrückt gespielt. Ich stelle jetzt überall Kristalle auf meine Geräte, um die starken Energiewellen meiner Tochter abzulenken.«

Ein Seelenbesuch

Die liebevollen Seelen der Kristall-Kinder besuchen uns auch manchmal auf wunderbare Weise in unseren Träumen oder Meditationen, wie Engel, die uns eine göttliche Botschaft übermitteln. Eines Tages meditierte Laura Ainsworth in ihrem Schlafzimmer, während ihre vier Jahre alte Enkelin zu Besuch war. Die kleine Beth saß zunächst neben ihrer Großmutter und schaute zu, doch irgendwann hörte Laura, wie Beth still das Zimmer verließ. »Ich weiß nicht, wie lange ich schon meditierte, als ich plötzlich Beths leise Stimme hörte. ›Oma‹, sagte sie leise, und dann noch mal etwas lauter: ›Oma‹. Ich öffnete meine Augen und sah sie mit einer Decke um die Schultern in der Tür stehen, sie lächelte und sagte mit durchdringendem Blick und herzerwärmender Aufrichtigkeit: ›Ich bin für dich da, wenn du mich brauchst.‹ Ich ging wieder in Meditation und es war keine Minute vergangen, da hörte ich tiefe Atemzüge, fast ein Schnarchen aus dem Zimmer auf der anderen Seite des Flurs. Beth lag im Bett und schlief tief und fest.«

Auch wenn Ihre Kinder sich nicht wie kleine Zauberer verhalten, können sie trotzdem Kristall-Kinder sein. Nicht alle diese Kinder vollführen solche Kunststücke. Aber es ist doch schön zu wissen, dass zumindest einige von ihnen diese Begabungen zeigen, die höchstwahrscheinlich allen Menschen möglich sind. Auch hier zeigen uns die Kristall-Kinder, wozu die Menschheit in der Lage ist und dienen uns allen als Vorbild.

SIEBEN

Verbindung zur Natur, zu Tieren und Steinen

Wenn die Kristall-Kinder auch von anderen Planeten und Dimensionen zu kommen scheinen, sind sie doch tief mit der Erde, der Natur und den Tieren hier verbunden. Draußen zu sein und zwischen den Bäumen mit Steinen und Blumen und am Wasser zu spielen, ist ihnen lieber als alles andere. Manche Eltern berichten, wie schwierig es sei, diese Kinder drinnen zu halten, andere erzählen, dass die Aussicht auf einen Spaziergang ihre Kinder sofort aufmuntert, falls sie mal schlechter Stimmung sind. Sie erinnern an den Heiligen Franziskus, denn ihre Reinheit flößt Tieren ein unmittelbares Vertrauen ein. Blumen, Vögel und die Sonne selbst scheinen vor Freude zu singen, wenn diese wunderbaren Kinder ihnen Gesellschaft leisten.

Vierbeinige Freunde

Kristall-Kinder scheinen einen ähnlich beruhigenden Effekt auf Tiere auszuüben wie Musik. Ich habe schon davon erzählt, dass sie oft mit großen Hunden und Katzen toben, ohne einen Kratzer abzubekommen. Die Tiere spüren die Unschuld in den Herzen dieser Kinder. Sie kommunizieren miteinander durch die Frequenz der Liebe und verstehen sich bestens.

Die fünfzehn Monate alte Leah hat mit den Haustieren der Familie schon feste Freundschaft geschlossen. Ihre Mutter Cynthia berichtet, dass Leahs bester Freund der Hund Yogi ist. »Als Leah zum ersten Mal frei stand, hatte sie sich an Yogi hochgezogen und der Hund war dann weggegangen. Es ist erstaunlich: Die meisten Tiere lassen sich von ihr anfassen. Sie darf an ihnen ziehen und sie auf ihre ungeschickte Art streicheln und die Tiere lieben sie!«

Auch die dreijährige Abbie wird von Tieren sehr geliebt. Ihre Mutter Andrea erzählt, dass sie ihre Tochter oft dabei beobachtet, wie sie minutenlang ihre Hand auf einen Hund oder eine Katze legt, ohne mit dem Tier zu sprechen. Sie scheint auf die Tiere eine beruhigende Wirkung zu haben.

Isabella, die anderthalb Jahre alt ist, hatte schon zwei Mal die Gelegenheit, in Hawaii mit Delfinen zu schwimmen. Ihre Mutter Phillipa erzählt, dass sich die Delfine jedes Mal sehr zu ihrer Tochter hingezogen gefühlt haben. »Sie schwammen direkt auf sie zu, tauchten unter ihr hindurch und kehrten immer wieder zu ihr zurück.«

Diese Anziehungskraft gilt sowohl für Haustiere als auch für Wildtiere. Sie alle spüren die Liebe und Vertrauenswürdigkeit dieser besonderen kleinen Menschen. Als Pam mit ihrer ebenfalls anderthalb Jahre alten Tochter Hannah in den Zoo ging, schienen die Tiere eher sie zu betrachten als umgekehrt! So gab es bei den Gorillas eine Mutter mit einem Kind etwa in Hannahs Alter. »Dieses Gorillaweibchen und ich waren beide stillende Mütter. Ich fühlte mich ihr sehr verbunden«, erzählt Pam. Die Gorillamutter trat ganz dicht an die Glasscheibe heran, die zwischen ihr und Hannah war und sie schauten sich lange und liebevoll an. »Schließlich schaute das Gorillaweibchen mich an und legte seine Hand direkt neben meinem Gesicht an die Scheibe. Ich legte meine Hand dagegen. Es war ein unglaublicher Augenblick der Verbundenheit.«

Schließlich verabschiedeten sich Hannah und ihre Mutter von diesen neuen Freunden und gingen weiter zum Löwengehege. Mutter und Tochter schauten durch das Glas den Löwen zu, die über ein großes Areal verteilt waren. »Nach einer Weile sah ich, wie eine Löwin plötzlich aufschaute. Irgendetwas hatte ihre Aufmerksamkeit erregt. Sie stand auf und ging sehr direkt auf das zu, was sie dort erspäht hatte und was von mir aus hinter einer Betonmauer verborgen war. Ich ging ein Stück zur Seite, um zu sehen, was sie dort so interessierte. Es war meine Tochter! Sie standen sich von Angesicht zu Angesicht gegenüber, nur durch die Glasscheibe von einander getrennt, aber völlig verbunden. Das Schauspiel erregte große Aufmerksamkeit bei den übrigen Besuchern. Alle wunderten sich, warum dieses kleine Mädchen für diese Löwin so interessant war.«

Mitgefühl mit der Natur

Neben ihrer Freundschaft zu Tieren zeigen die Kristall-Kinder auch ein tiefes Mitgefühl besonders für alles, was mit der Natur zu tun hat. Sie spüren, was Tiere, Insekten und Pflanzen empfinden. Sie verleihen diesen natürlichen Dingen eine Stimme und erinnern uns daran, dass alles und jedes Empfindungen hat.

Andrea erzählt zum Beispiel, dass ihre drei Jahre alte Tochter Abbie es nicht zulässt, dass jemand Insekten tötet, noch nicht einmal Spinnen. »Gott hat sie gemacht«, verkündet sie dann den Erwachsenen, die solches im Sinn führen. Sowohl Kristall-Mädchen wie auch -Jungen mögen Insekten genauso wie alle anderen Lebewesen.

Als die Eltern des sechs Jahre alten Robert ein Schwimmbecken in ihren Garten bauen ließen, mussten zwei Weiden gefällt werden, um dafür Platz zu schaffen. Angesichts der Kettensäge rannte Robert in den Garten und umarmte die Bäume unter großen Tränen.

Der sieben Jahre alte Chad zeigt seit seiner frühen Kindheit großes Mitgefühl mit allem, was mit Natur zu tun hat. Als er einmal ein Blatt vom Baum fallen sah, sagte er zu seiner Mutter: »Schau mal, das arme Blatt, das da auf den Boden fällt – es musste seine Familie verlassen!«

Der siebenjährige Liam fängt alle Eidechsen, die sich in das Haus seiner Familie verlaufen. Er trägt sie vorsichtig nach draußen und sagt ihnen dabei Dinge wie: »Du musst nach Hause gehen, deine Kinder warten auf dich« oder »Du musst nach draußen und etwas zu fressen finden. Ich weiß, dass du Hunger hast.« Liams Mutter sagt, dass ihr Sohn weiß, was die Eidechsen denken und fühlen. Er sagt ihnen, dass sie vor ihm keine Angst zu haben brauchen und sie hören auf ihn.

Als jemand für die zwei Jahre alte Crystal eine Blume gepflückt und sie ihr gegeben hatte, fing sie an zu weinen. Sie ging zu dem Stiel und versuchte, die Blume wieder daran fest zu machen.

Auch die kleine Alice hat mit ihren fünf Jahren schon eine große Liebe zu Pflanzen und kann sich sehr aufregen, wenn ihre Mutter Pflanzen zurückschneidet oder absterbende Blüten und Blätter entfernt.

Der sechs Jahre alte Isaac zeigte seiner Großmutter Laura

einen glatten Kieselstein und erklärte ihr, dass er ihn von der Straße aufgehoben hat, damit er nicht überfahren wird.

Die drei Jahre alte Zoey liebt es, Bäume zu umarmen und abgerissene oder vertrocknete Blätter zu küssen.

Draußen sein

Bei ihrem sonnigen Gemüt und ihrem offenen Herzen ist es kein Wunder, dass die Kristall-Kinder so gerne draußen mit Tieren, Pflanzen und in frischer Luft sind. Sie ziehen die natürliche Schönheit aller künstlichen vor. Sie ziehen zum Beispiel gerne ihre Kleider aus, spielen im Dreck und untersuchen Ameisenkolonien. Sie können sich an Kleinigkeiten begeistern und stundenlang zuschauen, wie der Wind durch die Bäume weht.

Die Kristall-Kinder lehren uns etwas über das Wunder der Natur und erinnern uns daran, dass alles lebt.

Conchita berichtet, dass ihr zwanzig Monate alter Sohn Nathan ein wahrer Naturliebhaber ist. »Wir müssen alle Türen verschließen, um ihn drinnen zu halten«, erzählt sie. Und wenn er draußen ist, zieht er am liebsten alles aus. Er liebt es, mit Wasser zu spielen, daraus Matsch zu machen und den dann zu essen.«

Einer der Gründe, weshalb diese Kinder so gerne draußen sind, mag darin liegen, dass sie mit den Tieren und Pflanzen kommunizieren. Magda erzählt, dass ihre vier Jahre alte Tochter Taylor ständig mit den Blumen redet. »Sie erklärt ihnen, wie schön sie seien. Sie spricht auch mit kleinen Käfern und versucht, sie zu trösten.«

Die Kristall-Kinder lehren uns etwas über das Wunder der Natur und erinnern uns daran, dass *alles* lebt. So erzählen auch Shawn und Keli Carpenter von ihrem drei Jahre alten Sohn Corbin, dass er eine besondere Beziehung zu Bäumen habe. »Er erzählt uns, was die Bäume sagen, spüren und tun. Er ist sich des Geistigen in allem Lebendigen bewusst und kann mit Vögeln, Fischen, Pflanzen, Insekten und Steinen kommunizieren. Bei Bäumen ist es allerdings am ausgeprägtesten.«

Und als der vier Jahre alte Colin eines Tages mit seiner Mutter spazieren ging, blieb er bei einem Baum stehen und lehnte sich an ihn. Er seufzte und sagte zu seiner Mutter: »Ich kann die Liebe von dem Baum spüren. Ich spüre sein Herz!«

Jeder fühlt sich in der Natur besser, auch die Kristall-Kinder. Amanda erzählt, dass sie ihre vierzehn Monate alte Tochter, wenn sie schlechte Laune hat, nur mit nach draußen nehmen muss. »Sie wird sofort friedlich und guter Dinge, wenn wir über den Rasen gehen oder ein bisschen im Sand spielen.«

Diese Kinder brauchen keine großartigen Spielsachen, sie wollen einfach nur draußen sein und sich an den raschelnden Blättern, den Spinnen und den Vögeln freuen. So wird die ein Jahr alte Rihana missmutig, wenn sie zu lange drinnen bleiben muss. Ihre Mutter erzählt, dass sie gar nicht genug davon bekommt, Bäume anzufassen, das Gras zu spüren oder wehenden Blättern hinterher zu laufen.

Selbst ältere Kristall-Kinder mögen die Natur lieber als künstliches Spielzeug. Die sechs Jahre alte Haley wollte

ihr Zimmer ausmisten. Sie verkaufte alle ihre unbenutzten Spielsachen auf dem Flohmarkt und verdiente dabei zusammen mit ihrer Schwester 192 Dollar. Statt davon neue Spielsachen anzuschaffen, wollten sie einen rotblättrigen Ahorn für den Garten kaufen!
Vor diesem Hintergrund ist es nicht erstaunlich, dass diese Kinder schon in jungen Jahren recht umweltbewusst sind. Das Wohlergehen von Mutter Erde liegt ihnen am Herzen. Der fünf Jahre alte Nicky erinnert zum Beispiel seine Mutter ständig daran, kein Wasser zu verschwenden. Er schaltet das Licht aus, wenn er ein Zimmer verlässt und schaltet es auch nur ein, wenn es draußen dunkel ist.

Kristalle

Natürlich haben diese Kinder eine große Faszination für Kristalle und Steine. Sie sind so sensitiv für die Energien der Lebenskraft und spüren, dass das Reich der Mineralien genauso lebendig ist wie der Rest der Schöpfung. Ein Kristall-Kind ist bereit, einem schönen Stein genauso viel Aufmerksamkeit zukommen zu lassen wie einem Tier oder einem Menschen. In seinen Augen sind es alles Gottes Geschöpfe.
Als die drei Jahre alte Victoria mit ihrem Vater und ihrer Großmutter die Küste Südkaliforniens besuchte, war sie ganz in ihrem Element! Sie legte an jeden der Steine dort ihr Ohr und hörte ihm zu. Sie erregte allgemeine Aufmerksamkeit, denn es war ganz offensichtlich, dass sie sich mit den Steinen unterhielt.
Schon seit langer Zeit benutzen die Menschen Kristalle in Zeremonien und zum Heilen, um damit göttliche Energie zu lenken und zu verstärken. Auch in der modernen Elektronik, in Radios und Uhren werden Quarze verwendet,

um elektrische Signale zu verstärken. Manche Menschen sind der Meinung, dass in alten Zivilisationen Kristalle sogar zum Transport und zur Beleuchtung verwendet wurden und dass die Bundeslade aus Kristallen bestand, die mit der Absicht aufgeladen waren, unaufhörlich Energie zu erzeugen.

Die Kristall-Kinder spüren die Energie, die von den Kristallen ausgeht und gehen respektvoll mit ihren Kräften um. Viele dieser Kinder wissen intuitiv, wie man mit solchen Steinen heilen kann, ohne dass es ihnen jemand gezeigt hätte.

Carri Lineberry erzählt zum Beispiel von ihren beiden Töchtern Shailyn (4) und Maia (3), dass beide sehr gerne mit ihrer Sammlung polierter Kristalle spielen. Schon mehrfach hätten die Mädchen eine beeindruckende Kenntnis über die Kräfte dieser Steine gezeigt. So hat sich Maia eine Amethystgeode unter das Bett gelegt. Ihre Mutter hatte sie dort eines Tages gefunden und weggeräumt. Maia bemerkte es sofort, legte sie wieder zurück und sagte, sie solle dort bleiben. Eines Tages war Shailyn zu ihrer Mutter ins Bett gekrochen und sah einen Rosenquarz auf dem Nachttisch. »Ich hatte ihn gerade erst gekauft«, erinnert sich Carri. Shailyn nahm ihn in die Hand und richtete seine Spitze auf die Mitte von Carris Stirn. »Ich kann damit Leute gesund machen, Mama«, sagte sie. »Man kann damit auch operieren, weißt du.« Sie richtete die Kristallspitze dann noch auf verschiedene Stellen von Carris Körper, als sei sie eine erfahrene Heilerin. Schließlich fragte Carri ihre Tochter, von wem sie denn gelernt habe, so mit Kristallen zu heilen. Shailyn antwortete ganz sachlich: »Von Jesus.« Carri erinnert sich, dass sie eine Gänsehaut bekam. Das Zimmer war ganz still und die Atmosphäre schien fast feierlich. »Ich werde diesen

Morgen nie vergessen«, sagt sie. »Es war wie ein Blick in eine andere Zeit.«

Auch Judi Springers vier Jahre alter Sohn Isaac hat ein unerklärliches Wissen darum, wie man mit Kristallen umgeht. So erzählte er einmal seiner Mutter, dass Kristalle ermüden, wenn sie zu lange im Haus gehalten werden. Und wenn sie erst mal ermüdet seien, müsse man sie sehr lange nach draußen legen.

Manche Kristall-Kinder empfangen ihre Informationen über den Umgang mit Kristallen von ihren Geistführern und Engeln, doch andere erinnern sich aus vergangenen Leben daran. Stephen und Karen Williams erzählen von ihrer fünf Jahre alten Tochter Sabrina, dass sie sofort eine große Liebe zu Kristallen entwickelt habe, als sie sie zum ersten Mal sah. Sie lernte schnell die verschiedenen Arten zu unterscheiden und hilft jetzt bei der Auswahl, wenn ihre Eltern welche einkaufen.

Eines Abends verkündete Sabrina, sie bräuchte jetzt eine Kristallheilung. Nachdem sie ein paar Kristalle ausgewählt hatte, begann ihre Mutter ihr etwas über das Chakrasystem im Körper zu erzählen. Sie wollte Sabrina gerade erklären, wie man die Kristalle auf den Chakren anordnet, als ihre Tochter sie mit den Worten unterbrach: »Mama, ich weiß, wo sie hingehören, ich habe das alles schon mal gemacht.« Und dann legte sie sich selbst die Kristalle auf. Als sie ihre Tochter dabei beobachtete, wurde sich Karen ganz sicher, dass Sabrinas Verbindung zu den Kristallen aus einem anderen Leben herrührt.

Vielleicht liegt es an dieser starken Verbindung der Kristall-Kinder mit ihren vergangenen Leben, dass sie sich zu altbewährten Mitteln wie Kristallen, Labyrinthen und Medizinrädern hingezogen fühlen.

Die sechsjährige Haley zeigte eines Tages beeindruckende Kenntnisse von der Heilkraft der Kreise. Carolyn erzählt, dass sie gerade draußen beim Rasenmähen war, als ihre Tochter sie hereinrief, weil sie ihr den Meditationsplatz zeigen wollte, den sie sich geschaffen hatte. Im Kinderzimmer hatte Haley Bettücher so aufgehängt, dass sie einen heiligen Raum umfassten. In der Mitte hatte sie ihre Kristalle und besonderen Steine zu einem Kreis angeordnet. Sie erklärte ihrer Mutter, dass sie in der Mitte gesessen und meditiert hätte. Carolyn erinnert sich daran, dass der Raum sich erstaunlich friedvoll angefühlt habe. »Dieser heilige Kreis war wunderschön. Ein paar Tage später bat mich Haley, mit ihr in ihrem Steinkreis zu sitzen und erzählte mir viel über Heilung. Sie erklärte mir die Bedeutung des Kreises und gab mir einen Bergkristall in die Hand, den ich an mein Herz halten sollte. Dann stand sie auf, rief die Engel herbei und bat den Erzengel Raphael in die Mitte unseres Kreises. Sie legte einen kleinen herzförmigen Rosenquarz neben die Stelle, wo sie Raphael sah. Haley wusste genau, was sie tat, es war unglaublich!«

Selbst wenn Ihr Kind keine Heilkreise mit Kristallen errichtet, können Sie vielleicht feststellen, dass es sich zu diesen wunderbaren Steinen hingezogen fühlt. Mary Marshall hat mir erzählt, dass ihr vier Jahre alter Sohn die Kristalle so sehr liebt, dass er sie überall mit hinnimmt, sogar ins Bett.

Petra erzählt, dass ihr die Kristalle sehr geholfen haben, als ihre drei Jahre alte Tochter Julie Schlafprobleme entwickelte. Plötzlich wollte sie nicht mehr alleine schlafen und wachte jede Nacht fünf bis sechs Mal auf. Schließlich redete sie mit ihrer Tochter und erfuhr, dass sie Geister im Zimmer sah. Petra löste das Problem, indem sie ein abendliches Ritual entwickelte, bei dem sie die Geister liebevoll auffordert, das Zimmer zu verlassen. Dann legt sie einen Rosenquarz und einen Amethyst in Julies Bett und einen Bergkristall auf das Fensterbrett. Das hält unerwünschte Besucher fern und die Energie im Raum klar. So schläft Julie wieder durch.

Eine andere Mutter, Laura Halls, entdeckte auch, dass ihr Kind mit Kristallen besser schlief. Sie ist eine professionelle Heilerin und empfing die Botschaft, im Schlafzimmer ihres Sohnes ein Kristallgitternetz aufzubauen. Sie legte einen Hämatit genau in die Mitte des Raumes und vier Rhodochrosite in die vier Ecken. Dann visualisierte Laura verbindende Energielinien zwischen den Kristallen mit einer Spitze in der Mitte über dem Hämatit. Dann bat sie darum, dass ein ätherischer Spiegel über der Spitze der Pyramide entstehen möge, um negative Energien nach oben wegzuspiegeln. Danach rief Laura den Engel ihres Kindes und seine Geistführer an und bat sie um Schutz.

Sie erzählte, dass ihr Kind seitdem schneller einschläft und besser durchschläft. »Nachdem wir das Kristallgitternetz errichtet hatten, herrschte in dem Zimmer zwei Tage lang eine höhere Temperatur durch die positive Energie, die es erzeugte!«

Ein paar Richtlinien für den Umgang mit Kristallen

Da einige Kristall-Kinder eine sehr enge Beziehung zu Kristallen haben, möchten Sie Ihrem Kind diese wunderbaren Steine vielleicht näher bringen. Sie können sie in esoterischen Buchläden, speziellen Kristallläden und auf Mineralien-Messen erstehen. Bedenken Sie dabei, dass natürliche Kristalle eine stärkere energetische Ausstrahlung haben als künstliche.

Die langjährige Inhaberin eines Kristallladens Connie Barrett empfiehlt, die Kinder sich ihre Steine selbst aussuchen zu lassen. Sie sagt, dass die Kinder häufig genau wissen, welcher Stein ihnen hilft, sich ruhiger und gelassener zu fühlen. »Eines Tages kam eine Mutter mit ihrem Sohn in meinen Laden«, erzählt sie. »Die Mutter begann, mir von den verschiedenen Problemen ihres Sohnes zu erzählen, während der Sohn versuchte, ihr mitzuteilen, dass er genau den richtigen Stein für sich gefunden hätte. Schließlich wandte sie sich ihm zu und sagte: ›Sei doch mal still, ich frage die Frau doch gerade, welcher Stein am besten gegen dein Asthma ist.‹ Ich fragte den Jungen, welchen Stein er sich ausgesucht habe. Er zeigte mir einen Rhodochrosit, der in der Tat bei Asthma empfohlen wird, weil er die Muskeln um den Solarplexus entspannen soll. Ich sagte der Mutter, dass ihr Sohn ganz wunderbar genau den Stein ausgesucht habe, den er braucht.«

Kinder haben eine gute Intuition dabei, sich ihre Steine auszusuchen. Sie können ihnen natürlich trotzdem einen Stein geben, von dem Sie meinen, dass er gut zu Ihrem Kind passt. Wahrscheinlich wird es jeden Stein mögen, den Sie ihm vorschlagen.

Wenn Ihr Kind noch sehr klein ist, achten Sie darauf, dass es den Stein nicht verschlucken kann. Lassen Sie Kleinkinder nicht mit Kristallen allein oder stellen Sie sie außer Reichweite. Sie können auch einen großen, runden Kristall kaufen, den das Kind nicht verschlucken und an dessen Kanten es sich nicht verletzen kann. Sie sollten Ihrem Kind natürlich auch erklären, dass Kristalle nicht zum Werfen da sind!

Connie sagte, dass es wichtig sei, den Kindern die Freiheit zu lassen, ihre eigenen Steine auszusuchen, dass es jedoch auch bestimmte Steine gibt, die bei typischen Kinderproblemen hilfreich sein können.

- Albträume, Schlafprobleme: *Amethyst* – auf dem Nachttisch oder unter dem Kopfkissen.

- Kummer oder Herzweh: *Rosenquarz* – Sie können ihn dem Kind über das Herz halten oder an einem Band über die Brust hängen.

- Selbstwertgefühl und Selbstvertrauen: *Citrin* – als Ring, Kette oder einfach irgendwo im Raum aufgestellt.

- Konzentration, Fokus und Lernfähigkeit: *Karneol* – erdet in der Gegenwart, oder: *Sodalith* – klärt mentale Verwirrung. Stellen Sie den Stein in den Bereich, wo das Kind lernt.

- Emotionale Überwältigung: *Mondstein* – als Anhänger oder reiben Sie den Stein über Stirn und Schläfen.

- Geduld: *Rhodonit* – das Kind sollte den Stein in seiner Hand reiben, wenn es sich ungeduldig fühlt.

- Kommunikation: *Türkis* – wenn das Kind sich schwer damit tut, um Hilfe zu bitten, oder: *blauer Achat* – für friedvolle Verständigung, oder: *Amazonit* – verleiht Mut, um die Wahrheit zu sagen. Alle sind als Kette oder als Anhänger besonders wirksam.

Legen Sie einen neu gekauften Stein mindestens vier Stunden in die Sonne, um ihn von den Energien der vorherigen Besitzer zu reinigen. Wenn die Sonne nicht scheint, können Sie den Stein auch in Salzwasser legen (Wasser mit ein wenig Meersalz), aber nicht zu lange, weil das Salz sonst den Stein angreifen kann. Bitten Sie dann Ihr Kristall-Kind, den Stein ans Herz zu halten und an Wünsche oder Absichten zu denken, die es in den Stein legen möchte. Das kann zum Beispiel der Wunsch sein, dass der Stein heilende Fähigkeiten haben soll oder beim Einschlafen hilft. Wann immer um den Stein negative Energien sind, reinigen Sie ihn wieder mit Sonnenlicht oder Salzwasser. Sie können das durchaus regelmäßig tun.

Göttliche Natur

Die Dichterin Dorothy Frances Gurney schrieb:
»In einem Garten ist man dem Herzen Gottes näher als irgendwo sonst auf der Welt.« Kristall-Kinder wissen dies instinktiv und sind mit der Göttlichkeit der Natur in Einklang. Die Natur ist ihre Kirche, ihr Tempel, ihr Ort, an dem sie Gott wahrnehmen, berühren, riechen können.
Als der vierjährige Colin und seine Mutter in einem schönen japanischen Garten spazieren gingen, blieb der Junge stehen und sagte: »Mama, hier ist es so schön! Ich kann Gott und die Engel hier fühlen!«
Kate Mitchell, die Inhaberin eines Kristallladens in Los Angeles, erzählt von einem fünf Jahre alten Jungen namens Alex, der kürzlich mit seiner Mutter in ihrem Laden war. Alex sah eine große Bergkristallgruppe für 500 Dollar und rief: »Das möchte ich gerne vom Weihnachtsmann haben!« »Möchtest du denn kein Nintendo, wie die anderen Kinder?«, hakte seine Mutter nach. »Nein!«, antwortete Alex entschieden. »Warum möchtest du denn diesen Kristall so unbedingt haben?«, bohrte sie weiter

nach. »Weil er natürlich ist, von Gott gemacht«, antwortete er. Natürlich brachte der Weihnachtsmann dem kleinen Alex seine Kristallgruppe.

ACHT

Engel und unsichtbare Freunde

Manchmal kann man beobachten, wie Kristall-Kinder-Babys in die Luft starren, Augen und Kopf sind klar ausgerichtet und folgen ihrem Blick auf die Engel. Häufig ist dieses »Starren« von unverständlichen »Gesprächen« mit den unsichtbaren Welten begleitet. Viele der Eltern, mit denen ich gesprochen habe, sind davon überzeugt, dass ihre Kinder Engel oder liebe verstorbene Menschen sehen. Und warum sollte eine der medialsten Generationen, die je geboren wurden, nicht auch hellsichtig sein?

Viele Generationen haben medial veranlagte Kinder hervorgebracht. Der Generation der Kristall-Kinder ist es jedoch bestimmt, diese Gabe auch ins Erwachsenenalter mit hinüberzunehmen. Ein Grund dafür liegt in der Unterstützung, die diese Kinder heutzutage durch ihre Eltern erfahren. Frühere Generationen fürchteten sich vor all diesen Dingen und verdammten Menschen, die Engel sahen oder hörten.

Tara Jordan und ihre Familie beten regelmäßig, wenn sie sich zu Tisch setzen. Als ihr Sohn dreizehn Monate alt war, rief er während des Tischgebets nach Jesus.

»Grant schaute nach oben, während wir beteten, und es war offensichtlich, dass er Jesus oder Engel oder Geistwesen sah. Er schaute nach oben und winkte ins Nichts hinein. Er rief den Namen Jesus und sagte ›Hi‹, als ob er jemanden grüßen würde. Dann schaute er hinüber zu dem Bild vom Abendmahl, welches bei uns an der Wand hängt, und winkte wieder. Ich habe keinen Zweifel daran, dass Grant die geistige Welt sieht und spürt.«

Dank ihrer unterstützenden Eltern und Großeltern erhalten sich die Kristall-Kinder ihre mediale Begabung, wenn sie älter werden. Kristall-Kinder fühlen sich auf natürliche Weise zu Engeln hingezogen, denn sie können die bedingungslose Liebe dieser himmlischen Wesen spüren. Sie lieben es auch, von ihren Eltern etwas über Engel zu erfahren und klinken sich mit Hilfe dieses Wissens noch tiefer in den Himmel ein.

Als ihre fünf Jahre alte Tochter Haley sich den Arm gebrochen hatte, griff sich ihre Mutter Carolyn mein Buch »*Healing with Angels*«, als sie zum Krankenhaus fuhren. Sie las ihrer Tochter ein Heilungsgebet vor und schlug ihr vor, den Erzengel Raphael (den Engel der körperlichen Heilung) darum zu bitten, ihr zur Seite zu stehen, den Schmerz aufzulösen und ihre Heilung zu beschleunigen. Jedesmal wenn ihr der Arm weh tat, wandte sich die kleine Haley an Raphael. Als die Ärzte dann endlich den Arm untersuchten, waren sie erstaunt, wie ruhig das Kind war. Auch Carolyn und ihr Mann waren beeindruckt von der Gelassenheit ihrer Tochter und auch von ihrer eigenen Ruhe. Normalerweise ängstigt es Carolyn sehr, wenn eines ihrer Kinder verletzt ist und sie weint. Aber hier wirkten die Engel offensichtlich auf alle Beteiligten.

Als Haley ihren Gipsverband bekam, bemerkte Carolyn einen tiefen Frieden im Behandlungszimmer. Hinterher sagte Haley: »Schau mal, Mami, mein Gips ist grün. Grün ist doch auch die Farbe von Raphael für die Heilung!«

Seitdem spricht Haley oft mit ihren Engeln, arbeitet mit ihnen und lernt von ihnen. Carolyn hatte den Prozess in Gang gesetzt, doch von da an machten Haley und ihre Engel einfach weiter. Haley begann, von den Weisheiten zu erzählen, die sie von den Engeln lernt. Sie kniete, als würde sie beten, und erzählte ihrer Mutter von den wunderbaren Dingen, die die Engel ihr zeigten. »Es war, als wäre Haley ein Engel, durch den die Weisheit fließt«, sagte ihre Mutter.

Carolyn gab Beispiele für das, was Haley über Gabriel, Raphael und Michael berichtete. »Sie sagte, dies seien die *großen* Engel, mit Füßen auf der Erde und hoch wie große Bäume. Haley gab zu, dass zuerst sehr viele Engel in ihrem Zimmer gewesen seien und sie Angst hatte, es seien Gespenster. Aber dann sah sie die Flügel und wusste, dass es Engel waren und sie sich nicht zu fürchten brauchte.

Sie sagte, dass der Engel der Erkenntnis mit ihr arbeiten würde. Eines Abends fragte sie diesen Engel, was das Wort *Aktivität* bedeuten würde. Der Engel erklärte, es bedeute, dass viele Dinge geschehen. Die Engel brachten ihr auch Lesen und Rechnen bei. Ihre Vorschullehrerin war sehr beeindruckt von ihrem Wortschatz.

Zu einer anderen Gelegenheit fragte Haley mich, was das Wort *Anästhesie* bedeuten würde. Ich fragte sie, wo sie das gehört habe und sie antwortete, dass Raphael es verwendet habe, als er ihr am Abend zuvor etwas über Heilung beibrachte.

Sie sagt auch, dass sie manchmal nicht allein ist, wenn sie in ihrem Zimmer spielt, sondern dass Raphael und die anderen Engel mit ihr spielen.«

Mediale Kinder, mediale Eltern

Überall um uns herum sind Engel und die Kristall-Kinder kommunizieren voller Vertrauen mit ihnen. Wenn Sie ein Kristall-Kind kennen, dann haben sie einen Lehrer für Ihre eigene mediale Entwicklung gefunden!

Es ist vollkommen normal und sogar gesund, wenn Kinder »unsichtbare Freunde« haben. Diese Wesen sind häufig ihre Schutzengel oder ihre Geistführer.

»Sowie meine Tochter Zoey geboren war, fing ich an, Engel und verstorbene Verwandte zu sehen«, erzählt Crystal. »Meine übersinnlichen Wahrnehmungen entwickelten sich stark.« Kristall-Kinder sind unter anderem solche Katalysatoren für die Entwicklung paranormaler Fähigkeiten in anderen Menschen, weil ihre Liebe so stark ist. Ihre Liebesenergie öffnet unsere Chakren, vor allem im Herzbereich. Wir fürchten uns nicht mehr vor der Liebe und werden dadurch aufmerksamer für die Gegenwart liebevoller Engel.

Crystal erzählt, dass sie begann, Lichtkreise um Zoey zu sehen. Diese Lichtkreise sind sogar manchmal auf Fotos sichtbar.

Viele der Eltern und Großeltern, mit denen ich gesprochen habe, erwähnten funkelnde Lichter, leuchtende Auren und sogar Engel in der Nähe ihrer Kristall-Kinder. Auch Cindy Goldenberg berichtete von blauweiß strahlenden Lichtkreisen, die sie wahrnahm, als ihre Tochter schlief. »Wenn ich die Decke bewegt habe, schlüpften die Lichtkreise unter die Decke, aber das Licht war immer noch sichtbar.«

Cindy förderte die Hellsichtigkeit ihrer Tochter Kirsten, und im Alter von fünf Jahren »liest« Kirsten schon anhand der Farben sehr genau die Auren anderer Menschen. Cindy und Kirsten streuen »Engel- und Feenstaub« über die Schlagzeilen der Zeitungen, damit die Situationen und die darin involvierten Menschen schneller heilen. Das ist ein gutes Beispiel dafür, wie Eltern und Kinder ihre spirituellen Begabungen vereinen.

Unsichtbare Freunde

Es ist vollkommen normal und sogar gesund, wenn Kinder »unsichtbare Freunde« haben. Meistens sind das ihre Schutzengel oder ihre Geistführer. Wenn die Eltern diese Beziehungen der Kinder zu ihren unsichtbaren Freunden fördern und unterstützen, dann fühlen sich die Kinder darin bestätigt, dies als gottgegebene, natürliche Fähigkeiten zu betrachten.

Manchmal sind die unsichtbaren Freunde Erzengel, die den Kindern bei wichtigen Lebensaufgaben helfen oder Schutzengel, die den Kindern helfen, ihre Ängste zu überwinden. Es kann sich dabei auch um verstorbene Verwandte, Freunde oder sogar Haustiere handeln.

Vor einigen Jahren wurde eine Frau namens Melissa schwanger von einem Mann, den sie sehr liebte. Der Mann war jedoch weder an ihr noch an dem Kind interessiert. Melissa sagte ihrem Sohn Liam nicht, dass sie schwanger war. Doch eines Tages malte Liam ein Bild und gab es ihr mit den Worten, dass dies sein kleiner Bruder sei. (Zu dem Zeitpunkt war er Melissas einziges Kind.)

Schließlich fasste Melissa den schweren Entschluss, die Schwangerschaft abzubrechen, wieder ohne Liam davon zu erzählen. Ungefähr eine Woche später sagte Liam, sein kleiner Bruder habe ihm gesagt, er käme jetzt noch nicht, fühle sich aber wohl und liebe ihn. Er würde sich jetzt wie ein Schutzengel um Melissa kümmern, bis er als Kind geboren werden könne. Und irgendwann würden

sich beide, Liam und sein kleiner Bruder, um Melissa kümmern.
Melissa sagt, Liam sei sehr hellsichtig. Sie machte einmal eine Meditation, um herauszufinden, was ihr Krafttier sei. (In manchen Traditionen glauben die Menschen, dass wir alle ein Tier als Geistführer haben, was nichts mit verstorbenen Haustieren zu tun hat.)
Während der Meditation sah Melissa eine Löwin um sich herum. Sie saß in ihrem großen Ledersessel und meditierte, als Liam ins Zimmer kam. Er fragte, woher denn die großen Kratzer auf dem Ledersessel kämen. Als Melissa sagte, das wüsste sie nicht, beantwortete er seine Frage selbst. »Das war deine Löwin, Mami, die hat das gemacht.«
»Meine Löwin?«, fragte Melissa.
»Ja, die Löwin, die immer in deiner Nähe ist. Siehst du sie nicht?«
Liam erklärte ihr, dass er immer die Löwin bei ihr sähe und dass sie nachts am Fußende ihres Bettes schlafen würde.
Melissa war verblüfft. »Ich bin so dankbar für diesen Sohn«, sagt sie. »Er ist mein Licht und meine Kraft.«
Eltern brauchen sich auch deswegen keine Sorgen um die übernatürlichen Fähigkeiten ihrer Kinder zu machen, weil diese Gaben den Kindern unter anderem helfen können, sich selbst von körperlichen und emotionalen Leiden zu heilen. Es sind göttliche Selbstheilungskräfte, die in jedem von uns angelegt sind.
Die fünfjährige Sabrina zum Beispiel war zutiefst traurig, als eine Freundin von ihr starb. Sie fand ein wenig Trost bei den Engeln, mit denen sie schon eine lebenslange Verbindung hat. Doch als sie ihre Freundin hellsichtig in der geistigen Welt sah, war ihr Kummer sofort geheilt.
Sabrina sagte, dass sie sich im Schlaf mit ihrer Freundin

unterhält, die sie anlächele und unter einem Regenbogen stünde. Als Sabrinas Mutter später den Eltern des verstorbenen Mädchens davon erzählte, teilten diese ihr mit, dass ihre Tochter auf ihrem letzten Bild sich selbst unter einem Regenbogen gemalt hatte.

Erinnerungen an vergangene Leben

Manche Kristall-Kinder haben lebhafte Erinnerungen an vergangene Leben. Das ist nicht so ungewöhnlich, da Kinder oft über vergangene Leben sprechen. Das Neue dabei ist, dass die Erwachsenen das jetzt mehr zulassen und solche Dinge nicht mehr abwerten. Dadurch können die Kinder diese Erinnerungen behalten, ohne sich in ihnen zu verlieren.
Wenn wir uns klar machen, dass das Leben ewig währt, verlieren wir unsere Vorurteile dem Tode gegenüber. Wir brauchen auch keine Furcht vor Hölle und Verdammnis mehr zu haben, wie sie von manchen Religionen immer noch gepredigt wird. Wenn wir diese Ängste los sind, sind wir wirklich frei, voll und ganz zu leben.

Hier sind ein paar Beispiele von Kindern, die sich an andere Leben erinnern:

- Der sechsjährige Robert spricht oft über seine »alten Eltern«, die er hatte, bevor er in den Bauch seiner jetzigen Mutter kam. Er beschrieb sein damaliges Leben in allen Einzelheiten. Er erzählte seiner Mutter, dass er vom Himmel aus zugesehen habe, als sie dieses Ding in ihrer Hand schüttelte und es blau wurde (ein Schwangerschaftstest). Danach kam er in ihren Bauch.

- Beverly Moore sagt, dass ihr fünf Jahre alter Sohn Ethan sich an viele vergangene Leben zu erinnern scheint. »Er spricht viel über vergangene Leben. Er sagt immer: ›Erinnerst du dich daran, als ich so alt war wie du und du mein Kind warst?‹ Er hat mir erzählt, dass er einmal meine Mutter und einmal mein Vater war.«
- Der fünfjährige Evan unterhielt sich mit seinem älteren Bruder über Mädchen. Plötzlich sagte Nathan: »Evan, du hast doch keine Ahnung von Mädchen! Du bist ja erst fünf Jahre alt!« Evan ließ das nicht auf sich sitzen. »Also Nathan! Ich bin doch schon mindestens 60 Mal eine Frau gewesen!«

Manche Kristall-Kinder sind zum ersten Mal auf diesem Planeten und dieses irdische Dasein kann für sie sehr verwirrend sein. Cathy erzählt von ihrem drei Jahre alten Sohn William, dass er auf ihrem Schoß saß und fragte, ob sie nach Hause gehen könnten. Cathy sagte zu ihm, dass sie doch Zuhause seien. »Sind wir das?«, wunderte sich William. Da erkannte Cathy, dass William seine vorirdische Existenz meinte, also sagte sie sanft zu ihm: »Wir sind hier auf der Erde, weil das wichtig ist, und das Zuhause ist gar nicht so weit weg.« Das schien William zufrieden zu stellen.

Ein Teil unserer Aufgabe als erwachsene Hüter der Kristall-Kinder besteht darin, ihnen die Möglichkeiten des irdischen Lebens zu zeigen. Dazu gehört, ihnen zu helfen, psychisch offen zu bleiben, ihnen beizubringen, niedere Energien zu überwinden und sie mit Wissen zu stärken. Wir müssen sie hüten und schützen, so wie ein Gärtner kostbare Knospen hütet, bis sie in ihrer ganzen Schönheit erblühen.

Neun

Musische Begabungen

Die Kristall-Kinder sind vielseitig begabt. Sie sind nicht nur liebevoll, medial begabt und entzückend, sondern darüber hinaus oft musikalisch und künstlerisch begabt. Manche zeigen erstaunliche schauspielerische Fähigkeiten, ohne je darin ausgebildet worden zu sein. Auch hier sind die Kristall-Kinder Vorbilder, die uns die menschliche Natur von der besten Seite zeigen.

Herzenslieder

Manche Kristall-Kinder singen, bevor sie sprechen. Von Sarah behauptet ihre Großmutter sogar, sie sei summend auf die Welt gekommen. Heute, im Alter von sechs Monaten, spricht Sarah kein Wort, aber summt vollkommen tongetreu.

Eine andere Mutter eines Kristall-Kindes erzählt, dass ihre Tochter durch Musik sprechen lernte. »Als die heute zweijährige Meishan anfing zu sprechen, sang sie kleine Lieder, um uns etwas mitzuteilen. Sie liebt Musik über alles!«

Viele der Eltern, mit denen ich gesprochen habe, berichteten von der angeborenen Musikalität ihrer Kristall-Kinder. Cindy erzählte, dass ihre fünfjährige Tochter Kirsten eine wunderbare Singstimme habe. Das ist umso überraschender, da laut Cindy niemand in der Familie einen Ton halten kann. Aber Kirsten kann jede Melodie, die sie hört, fehlerfrei nachsingen.

Etliche Eltern erzählten, dass ihre Kinder ständig singen.

Die drei Jahre alte Emily zum Beispiel erfindet dauernd Melodien, singt Volks- und Kinderlieder und ahmt die Melodien nach, die sie im Radio hört. Sie tanzt auch die ganze Zeit und bewegt sich zu jeder Musik und manchmal auch ohne. Ihre Mutter will sie in eine Tanzschule bringen, wenn sie ein wenig älter ist.
In ihren musikalischen Fähigkeiten sehen wir oft einen Beweis für die hohe Intelligenz der Kristall-Kinder. Der dreijährige William kennt zum Beispiel alle Lieder auswendig, die auf dem Disney-Sender gespielt werden. Und die fünfzehn Monate alte Erin hat sich selbst beigebracht, harmonisch mit dem Radio mitzusingen.

In ihren musikalischen Fähigkeiten sehen wir oft einen Beweis für die hohe Intelligenz der Kristall-Kinder.

Kleine Künstler

Die Kristall-Kinder malen, zeichnen und basteln auch sehr gerne. Sie können Stunden mit Papier und Stiften zubringen. Ihre hohe Kreativität ist ein Zeichen der Dominanz ihrer rechten Hirnhemisphäre. Weitere Zeichen sind:

- sie sind sich ihrer Emotionen bewusst
- sie sind intuitiv
- sie haben hervorragende motorische Fähigkeiten
- sie haben philosophische Begabungen
- sie sind spirituell und
- musikalisch.

Menschen, bei denen die rechte Gehirnhälfte dominiert, denken in Bildern und Gefühlen statt in Worten. Ihre visuelle Orientierung verleiht ihnen ein künstlerisches Flair und ein fotografisches Gedächtnis. In manchen ihrer Kunstwerke stellen sie das dar, was sie innerlich sehen.
Rosa McElroy erzählt, dass ihre fünf Jahre alte Tochter Audrey große künstlerische Begabung zeigt. »Niemand hat Audrey das Malen beigebracht. Sie konnte schon immer so schöne Bilder malen, wie sie sich nur ein Künstler ausdenken kann. So, wie sie die Farben verwendet, scheint sie ihrem Alter weit voraus zu sein. Ihre Kunstwerke sind einfach atemberaubend!«
Audreys Mutter fördert die künstlerische Begabung ihrer Tochter offensichtlich sehr. Mit so viel Unterstützung wird aus dem Mädchen wahrscheinlich eine selbstsichere, fähige Künstlerin werden.
Ein weiterer liebenswerter Aspekt der Kristall-Kinder ist, wie sie sich mit den alltäglichsten Dingen beschäftigen. Vorhergehende Generationen schienen aufwendige Spielsachen zu brauchen, um glücklich zu sein. Kristall-Kinder sind mit einer Blume zufrieden, mit einem Hündchen, einem Stift mit Papier oder einem Sternenhimmel. Mit ihren Kunstwerken verhält es sich ähnlich. Sie brauchen keine aufwendigen Materialien. Das ist eine Generation von Kindern, die einfache, grundlegende Dinge schätzen. Wie erfrischend!

Der sieben Jahre alte Jacob Daurham zum Beispiel findet in der Wüstengegend um sein Zuhause kleine »Schätze«, aus denen er dann etwas bastelt. Er bringt alte Hufeisen, Gleisklammern und alles Mögliche nach Hause, was ihm nützlich erscheint. Dann denkt er sich etwas damit aus und baut es.

Angehende Darsteller

Die Kristall-Kinder sind besonders in jungen Jahren oft nicht besonders redselig. Nichtsdestotrotz sind sie ausdrucksstark! Sie vermitteln ihre Gefühle und Ansichten sehr deutlich über ihre Augen, Bewegungen, Lieder und Kunstwerke. Manche neigen auch zum Theaterspielen, allerdings nicht indem sie sich aufspielen und aus allem ein Drama machen, sondern als spielerische Ausdrucksform, so wie sich die Menschen wohl vor der Erfindung von Fernsehen und Radio am Theaterspielen erfreut haben. Diese Kinder bringen uns zurück zum Ursprünglichen. Viele der befragten Eltern und Großeltern bestätigten, dass ihre Kristall-Kinder keine Scheu vor Publikum hätten. Viele waren wie die dreijährige Victoria, von der ihre Großmutter erzählt:

»Sie hat ein unglaublich gelassenes, selbstsicheres Auftreten. Seit sie ein Jahr alt ist, geht sie zum Turnen und zum Tanzen. Sie liebt es, etwas vorzutanzen. Sie ist dabei nie schüchtern oder verschämt, egal ob das Publikum aus Hunderten oder nur einem Dutzend Menschen besteht. Es ist immer eine Freude, ihr beim Tanzen oder Turnen zuzusehen, denn sie geht so darin auf, dass sie fast zu leuchten scheint. Sie übt ohne Ende, vollkommen selbstvergessen in der Freude an der Musik und der Bewegung.«

Es macht Freude, mit Kristall-Kindern zusammen zu sein, auch weil sie so unterhaltsam sind. Eine Mutter berichtete, dass sie vollkommen fasziniert ist davon, wie ihre drei Jahre alte Tochter andere Menschen nachmachen kann. Sie erzählt, dass die Kleine dabei sowohl die Stimmlage als auch die Haltung und Ausdrucksweise eines Menschen verkörpert. »Wir erkennen sofort, wen sie meint, so gut macht sie das. Sie ist dabei nicht geringschätzig gegenüber der jeweiligen Person und macht sie auch nicht lächerlich. Sie beobachtet einfach und macht es dann nach, weil es ihr Spaß macht.«

Und nicht nur die kleinen Mädchen lieben es, sich zu verkleiden und zu schauspielern. Catherine Poulton erzählt von ihrem fünfjährigen Sohn Kylan, dass er sich ungefähr zehn Mal am Tag umzieht, um verschiedene Charaktere zu spielen. »Ich bin die ganze Zeit dabei, seine Sachen vom Boden aufzuheben, die er aus dem Schrank gezogen hat, um sich zu verkleiden. Er zerschneidet auch Bettbezüge und alles, was er in die Finger kriegt, um es in seiner Schauspielerei zu verwenden. Es ist sein größter Spaß.«

Catherine erzählt, dass Kylan auch jeden Tag malt und oft Skizzen von den Charakteren anfertigt, die er spielt. »Er erfindet seine eigenen, mit übernatürlichen Kräften ausgestatteten Helden, die oft eine Menge mit ihm selbst zu tun haben.«

Es klingt so, als würde sich Kylan an seine magischen Fähigkeiten erinnern. Vielleicht übt er schon für die Zeit, wo die Kristall-Kinder die Helden dieser Welt sein werden. Schließlich haben sie alles, was man dazu braucht!

ZEHN

Engelskinder

»Einfach wunderbar!«, »Ein richtiger Engel!«, »Ein Geschenk des Himmels!« So beschreiben Eltern und Großeltern ihre Kristall-Kinder. Natürlich hat jeder göttliche Qualitäten, aber diese Kinder scheinen ihr höheres Selbst offener zum Ausdruck zu bringen als frühere Generationen. Zu den charakteristischen Eigenschaften der Kristall-Kinder gehören:

Zuneigung: Nur weil ein Kind spät anfängt zu sprechen, ist es eben noch lange kein Autist. Diese Kinder sind äußerst herzlich, fast schon klammerig, während autistische Kinder distanziert und überhaupt nicht kontaktfreudig sind.
Mary Marshall erzählt, dass ihr fünf Jahre alter Sohn am glücklichsten zu sein scheint, wenn sie miteinander schmusen und herumalbern. »Als er klein war, wich er mir nicht von der Seite und hing sehr an mir. Auch heute noch, wenn wir an einem fremden oder unangenehmen Ort sind, möchte er hochgenommen werden und vergräbt sein Gesicht an meiner Schulter.«
Kristall-Kinder beschränken ihre Zuneigung nicht auf die Familie. Stephanie und Mark Watts erzählen, dass ihr dreizehn Monate alter Sohn am liebsten jeden küssen würde, dem er begegnet. »Er geht mit jedem liebevoll und zärtlich um.«

Fröhlichkeit: Diese Kinder strahlen durch ihren Gesichtsausdruck, ihre Haltung, ihre Worte und ihre Taten positive Energie aus. Es ist eine Freude, sie um sich zu haben und sie heitern jeden auf, der in ihrer Nähe ist. Lauren Stocks sagt, dass ihr sechs Jahre alter Sohn Carter eine vollkommen positive Einstellung hat. »Es scheint so, als wäre Carter nur hier, um zu lieben.« Fast jeden Tag sagt er: »Schau mal, Mama, was für ein wunderschöner Tag!«, und wenn sie sich mal nicht wohl fühlt, heitert er sie auf. Es fällt jedem auf, wie fröhlich er ist. Das ist bei Kristall-Kindern allgemein so. Taylor, der Sohn von Beth und Michael zum Beispiel hat drei verschiedene Babysitter. Alle sagen von dem Kleinen, wie strahlend und aufmunternd er sei. Seine Eltern sagen: »Taylor ist so ein fröhliches Kind, er macht uns nur Freude. Wenn wir seine Energie spüren, dann gibt uns das Hoffnung, dass die Menschheit doch noch mal zu Frieden kommt und die Gewalt ein Ende findet.«

Über diese Fröhlichkeit der Kristall-Kinder habe ich mehr Berichte erhalten als über irgendeinen anderen Aspekt. Man könnte meinen, dass die Eltern voreingenommen sind, schließlich sind es ihre eigenen Kinder, aber viele der Eltern haben auch andere Kinder, die sie durchaus als Herausforderung empfinden.

Hier sind ein paar der Kommentare, die ich erhalten habe: »Viele Menschen sagen, dass sie sich friedvoll fühlen, wenn sie mit Celeste zusammen sind. Sie geht oft spontan auf Menschen zu, denen es nicht gut geht, setzt sich ein wenig neben sie oder spielt mit ihnen.« (Nadja Leu über ihre 18 Monate alte Tochter Celeste.)

»Sie ist der freundlichste und liebevollste Mensch, dem ich je begegnet bin. Sie geht auf fremde Menschen zu, nimmt deren Hand und man spürt die Liebe, die von ihr ausgeht. Sie ist ein äußerst sensibler, aufmerksamer und begeisterungsfähiger Mensch.« (Wendy Weidman über ihre drei Jahre alte Tochter Emily.)

»Mein Robert ist ein kleiner Engel. Er liebt alle Menschen und will jeden trösten, der ihm bedürftig erscheint. Wenn ein Freund von ihm verletzt ist, kümmert er sich rührend um ihn. Er möchte jedem Obdachlosen auf der Straße etwas geben. Robert ist eine wunderbare, liebevolle Seele. Er strahlt von innen heraus, wie die Sonne.« (Michelle über ihren sechs Jahre alten Sohn Robert.)

Liebe und Achtung gegenüber den Alten: Kristall-Kinder fühlen sich magisch zu älteren Menschen hingezogen, als würden sie die Ruhe und Weisheit des Alters spüren. Sie lieben ihre Großeltern und entwickeln auch zu anderen älteren Menschen Beziehungen.
Mary geht oft mit ihrer drei Jahre alten Tochter Haley zu einem Eiscafe, vor dem man im Freien sitzen kann. Während der letzten drei Besuche saßen vor dem Cafe immer ältere Menschen allein an einem Tisch. Jedesmal ging Haley direkt auf sie zu und setzte sich daneben. Sie redete erst, nachdem sie angesprochen wurde, aber Mary sagt, dass sie offensichtlich mit den Alten schmuste. Sie spürte wohl deren Bedürfnis nach Liebe und Gesellschaft und war bereit, sie ihnen zu geben.
Auch Conchita Bryner erzählt, dass ihre beiden jüngsten Kinder (ein 20 Monate alter Sohn und eine fünf Jahre alte Tochter) sich zu älteren Menschen hingezogen fühlten, als hätten sie eine geheime Verbindung zu ihnen.
Vor kurzem feierte Conchitas Familie den zehnjährigen Todestag der väterlichen Großmutter. »Meine jüngste

Tochter hatte ihre Großmutter nie kennengelernt und stellte mir viele Fragen über sie. Sie wusste, dass wir mit Blumensträußen zum Friedhof gehen würden und machte sich ihr eigenes kleines Sträußchen. Zu meinem Erstaunen bat sie ihre ältere Schwester, ein Gedicht aufzuschreiben, welches sie selbst erfunden hatte. Sie las das Gedicht dann später vor und mein Mann und ich waren zu Tränen gerührt: Sie sagte ihrer Großmutter, dass sie sie vermisst und dass sie sie in ihrer Seele behalten würde.«

Friedfertigkeit und Vergebung: Diese Welt braucht Vergebung und Mitgefühl, und die Kristall-Kinder sind leuchtende Beispiele dafür, die andere Wange hinzuhalten. Ihre älteren Indigogeschwister sind Kämpfernaturen, die einen Konflikt bis zum Ende durchstehen wollen. Die Kristall-Kinder halten es jedoch eher mit Gandhis Ansatz.
Gloria Powell-Fredikson, die Mutter von zwei Kristall-Kindern und einem Indigo-Kind, erzählt zum Beispiel, dass sie bei Streitigkeiten große Unterschiede beobachtet. »Wenn es Streit gibt, dann geben meine beiden Kristall-Kinder nach und ziehen sich zurück, ohne dass es ihnen das Geringste ausmacht und ohne etwas nachzutragen. Mein Indigo-Kind bleibt jedoch dabei und kämpft die Sache durch.«

Der dreijährige Corbin hat durch seine Verbindung zur Natur gelernt mit Konflikten umzugehen. Er redet viel über Bäume, was sie ihm sagen und wie sie sind. Wenn er hört, dass in seiner Umgebung jemand einen negativen Klang in der Stimme hat, sagt er: »Bitte sprich doch wie die Bäume.« Damit meint er, freundlich und liebevoll miteinander zu reden.

Die zweijährige Mei schlägt nie einen Spielkameraden zurück, wenn sie gehauen wird. Sie sagt nur: »Hau mich nicht, ich bin doch deine Freundin!«

Denise Christie erzählt, dass ihre fünf Jahre alte Tochter Alice sehr verletzt sein kann, wenn sich jemand gemein oder grausam ihr gegenüber verhalten hat. »Alice kann überhaupt nicht verstehen, warum jemand so etwas tun kann. Sie ist so unschuldig, ich glaube, sie merkt es gar nicht, wenn sie unverschämt zu ihr sind.«

Kristall-Kinder tun alles mit Liebe. Sie sind ein Zeichen dafür, dass die Menschheit sich über ihre kleinlichen Abgrenzungen und Zwistigkeiten hinaus entwickelt. Sie sind lebendige Beispiele dafür, vom höheren Selbst aus zu leben und nicht vom Ego.
Trotzdem sind auch Kristall-Kinder nicht vollkommen problemlos für ihre Eltern. Ich habe die Eltern darüber befragt, welche Schwierigkeiten ihnen im Umgang mit diesen Kindern begegnet sind. Wenn die meisten auch minimal waren, gab es doch ein paar, die häufiger auftauchten, von denen ich im nächsten Kapitel berichten möchte.

ELF

Essen, schlafen und wählerisch sein

Alle menschlichen Eigenschaften können positiv oder negativ betrachtet werden. Sturheit kann auch als Geradlinigkeit bezeichnet werden oder Beharrlichkeit als Penetranz. So ist es natürlich auch bei den Kristall-Kindern und ihren Entscheidungen. Jeder, der von den höheren Chakren aus lebt, entwickelt auch hohe Ansprüche. Wenn sich das Herzchakra öffnet und man anfängt, wirklich zu lieben, zieht man auch Situationen und Menschen mit liebevoller Energie an. Ein Mensch mit offenem Herzen fühlt sich von Situationen und Beziehungen abgestoßen, in denen es Gewalt, Negativität, Unlauterkeit, Lärm oder sonst etwas Disharmonisches gibt.

Das Gesetz der Anziehungskraft bestimmt, dass wir Menschen und Situationen anziehen, die unsere Überzeugungen spiegeln. Wenn wir zum Beispiel glauben, dass die Menschen im Grunde gut sind, werden wir freundliche, gute Menschen anziehen.

Wenn wir uns auf den spirituellen Weg begeben haben, verändert sich häufig unser Freundeskreis, unsere Essgewohnheiten und andere Aspekte des Lebensstils. Unsere neuen Entscheidungen spiegeln unser sich entwickelndes Selbst.

Kristall-Kinder, die auf dem spirituellen Weg schon weit voraus sind, fühlen sich natürlicherweise zu Situationen der höchsten spirituellen Frequenz hingezogen. Das führt dazu, dass sie oft als wählerisch und pingelig erscheinen. Man könnte jedoch auch sagen, dass sie unterscheiden können. Ein unterscheidungsfähiger Mensch hat ein hohes Selbstwertgefühl. Er ist sich wichtig genug, um Freunde, Nahrung, Filme, Arbeiten, sein Zuhause etc. sorgfältig danach auszusuchen, ob sie seinem Körper und seiner Seele gut tun.

Ernährung der Kristall-Kinder

Nachdem ich mich richtig auf meine spirituellen Interessen eingelassen hatte, veränderte sich auch mein Geschmack sehr schnell. Ich fühlte mich innerlich deutlich dazu hingezogen, mehr organisches Obst und Gemüse zu essen und weniger tierische Produkte. Seit 1997 lebe ich ganz veganisch, d.h. ich esse kein Fleisch, keinen Fisch und keine Milchprodukte und es geht mir mit dieser Entscheidung sehr gut.

Viele meiner Schüler, Zuhörer und Leser berichten von ähnlichen Erfahrungen. Auch wenn viele nicht gleich Veganer werden, essen Menschen auf dem spirituellen Weg doch allgemein weniger hochverarbeitete Lebensmittel und weniger rotes Fleisch, weißen Zucker oder Weißmehl.

Die Engel sagen, dass sich die Menschheit dahin entwickelt, bei ihrer Energieversorgung unabhängiger von der Nahrungsaufnahme durch Essen zu sein. Sie meinen, wir würden zunächst Vegetarier werden, dann von Rohkost leben und dann von Säften, weil die leichter verdaulich sind. Schließlich würden wir »Atmer« und all unsere Nahrung aus der Prana-Energie in der Luft ziehen. All das wird uns helfen, intuitiver zu werden und uns auf das veränderte Nahrungsangebot der Erde umzustellen, indem wir von hochverarbeiteten Lebensmitteln wieder zu frisch geernteten Produkten übergehen.

Nun, die Kristall-Kinder sind schon so weit. Ihre Ge-

schmacksknospen sind schon hoch empfindsam. Rohes organisches Obst und Gemüse hat von all unseren Nahrungsmitteln die höchste Lebensenergie. Es ist also nicht erstaunlich, dass die Kristall-Kinder sich eher vegetarisch ernähren. Es kommt immer darauf an, wie man es sieht.
Manche Eltern sehen es als Problem. Eine Mutter erzählte mir, dass sie sich damit abmüht, ihren Sohn dazu zu bringen, eine »richtige Mahlzeit« zu essen. Sie arbeitet damit gegen die natürliche Tendenz dieser Kinder, häufiger kleine gesunde Mahlzeiten und Getränke einzunehmen, zu »grasen«. Manche Ernährungswissenschaftler sagen, dass diese Art des »Grasens« sehr gesund sei, weil es den Blutzuckerspiegel stabil hält und man sich nicht so vollstopft.
Vieles von dem Essverhalten der Kristall-Kinder weist darauf hin, dass sie in gutem Kontakt mit ihrem Körper sind. Die Machtkämpfe über das Essen könnten also unnötig werden, wenn die Eltern mehr darauf vertrauen, dass der natürliche Appetit ihres Kindes dem entspricht, was sein Körper braucht. Aus den Geschichten, die ich kenne, weiß ich, dass man den Vorlieben dieser Kinder vertrauen kann.
Viele der Kristall-Kinder sind selbsternannte Vegetarier, zum Beispiel der sieben Jahre alte Jacob, der sich weigert Fleisch zu essen, obwohl seine Mutter keine Vegetarierin ist und versucht, ihn zum Fleischessen zu überreden. Der Hauptgrund für die Ablehnung von Fleisch liegt in seinem Mitgefühl mit den Tieren. Ein zwei Jahre alter Junge sagte: »Fisch zu essen ist schlecht, denn die Fische müssen sterben, wenn sie aus dem Wasser geholt werden.« Auch die vierjährige Shailyn und die dreijährige Maia essen kein Fleisch, »weil es nicht schön ist, Tiere zu töten, um sie zu essen«, wie sie sagen. Die zwei Jahre alte Mei sagt.

»Ihh, totes Huhn!« oder »Ihh, tote Kuh!«, wenn sie irgendwo Fleisch sieht.
Den Eltern, denen dies Sorgen bereitet, wird es vielleicht helfen zu hören, dass Vegetarismus von der Amerikanischen Ernährungsgesellschaft als gesunde und ausgeglichene Ernährungsweise erachtet wird. Gemüse, Getreide, Soja-Produkte, Nüsse und Hülsenfrüchte enthalten genug Proteine, um ein Kind gesund zu erhalten. Und schließlich gilt der Verzehr von tierischen Produkten als einer der Faktoren, die zu Herzproblemen, Cholesterinproblemen, Osteoporose, Übergewicht und anderen Gesundheitsproblemen führen.
Die Eltern des drei Jahre alten Corbin erhalten immer wieder Komplimente darüber, wie ruhig und entspannt ihr Sohn ist. Das führen sie zumindest teilweise darauf zurück, dass er sich von organischen Nahrungsmitteln ernährt und keinen Weißzucker zu sich nimmt.
Viele Eltern erzählen auch, dass ihre Kinder lieber trinken als essen. Kelly, Mutter von fünf Kindern, darunter drei Kristall-Kinder, erzählt, dass all ihre Kinder Veganer sind und nur wenig Zucker zu sich nehmen. »Ihre Ernährung ist sehr flüssig. Sie haben eine natürliche Abneigung gegen Fleisch und schweres Essen und verlangen ständig nach Wasser.« Auch der dreijährige William zieht Säfte einer festen Nahrung vor. Eltern, denen das Sorgen macht, können ihren Kindern in einem Mixer sogenannte »Smoothies« zubereiten, in denen sie frisches Obst und Gemüse mit vitamin- und mineralienhaltigem Proteinpulver aus dem Naturkostladen oder dem Reformhaus mischen.
In diesem Zusammenhang berichten auch etliche Mütter, dass ihre Kristall-Kinder länger als ein Jahr gestillt werden wollten. Viele erzählen auch, dass ihre Kinder ausgegli-

chener sind, wenn sie keinen Zucker bekommen. Eine Mutter sagt, dass ihre fünf Jahre alte Tochter völlig wild und fast unkontrollierbar wird, wenn sie irgendetwas mit Schokolade isst.

Schlafverhalten

In meinen Fragebögen bat ich die Eltern auch, von den Herausforderungen zu berichten, mit denen sie bei ihren Kristall-Kindern zu tun hatten. Der meistgenannte Bereich betraf ihr Schlafverhalten. Diese Kinder haben viel Energie und wollen auf keinen Fall etwas verpassen, während sie schlafen! Vielleicht weisen sie auch auf einen höheren Entwicklungszustand hin, in dem wir nicht mehr so viel Schlaf brauchen. Was auch immer dahinter steckt, es ist ein Thema.

Die Kristall-Kinder reagieren so sensibel auf alles, was um sie herum vor sich geht, dass es zur Schlaflosigkeit führen kann. Das Schlafverhalten des dreizehn Monate alten Bryn ist das einzige Problem, welches seine Mutter mit ihm hat. »Seit seiner Geburt ist er immer höchst aufmerksam gewesen. Er nimmt alles mit großer Wachsamkeit wahr. Dadurch wird er überreizt und kann nicht zur Ruhe kommen, wenn es Zeit zum Schlafen ist.«

Das Bedürfnis nach einem Mittagsschlaf scheint individuell sehr unterschiedlich zu sein. Erins Eltern haben festgestellt, dass sie nachts nicht zur Ruhe kommt, wenn sie tagsüber schläft. Seit sie den Mittagsschlaf ausfallen lassen, schläft sie die Nacht durch und ist morgens fröhlicher. »Jetzt verbringen wir die Mittagszeit mit Bastelarbeiten oder schauen uns zusammen ein Video an.«

Andere Eltern berichten, dass der Mittagsschlaf unerlässlich ist. Wenn die dreijährige Victoria einen Mittagsschlaf ausfallen lässt, braucht sie Tage, um sich davon zu erholen.

Eltern und Erziehungsberechtigte sollten ein Schlafprogramm entwickeln, welches dem individuellen Bedürfnis und Rhythmus des Kindes entspricht. Manche Eltern haben originelle Lösungen für die Probleme mit ihren Kindern gefunden:

- Der vierjährige Colin ist mit seiner Mutter stark verbunden. »Als Baby und Kleinkind wachte er jedes Mal weinend auf, wenn ich einen Albtraum hatte. Also begann ich, jeden Abend das uns verbindende Band als eine Kette zu visualisieren, die ich zwischen zwei Gliedern unterbrach (es erschien mir nicht richtig, einfach das Band durchzuschneiden).« Von da an herrschte nachts Ruhe.
- Eine andere Mutter hatte alles versucht, um ihre Tochter ins Bett zu bringen. Dann schnitt sie das Band durch und sofort verbesserte sich die Situation. »Wenn jetzt die alten Zubettgeh-Probleme wieder auftauchen, reinige ich meine Chakren und die Normalität kehrt wieder ein! Das war eine unglaubliche Entdeckung für uns!« (Anmerkung: Um die Angstbänder durchzuschneiden, die zu Problemen führen können, brauchen Sie nur die Absicht zu halten und die Engel bitten, sie für Sie durchzutrennen. Mehr ist nicht nötig. Wenn Sie jedoch Genaueres darüber erfahren möchten, dann schauen Sie in mein Buch »*Chakra Clearing*«.)
- Robin Rowey ist Mutter von Kristall-Kinder-Zwillingen. Beide schliefen als Säuglinge schlecht durch. Eines Nachts, als sie vor Schlafmangel völlig erschöpft war, betete Robin verzweifelt um Hilfe. Kurz darauf

hörte sie ein Geräusch aus Zacks Wiege. Sie dachte, er würde wieder aufwachen, um gefüttert zu werden, also lauschte sie, ob er sie rufen würde. Sie schaute hinüber zu seinem Bettchen und bemerkte ein immer heller werdendes Licht, welches darüber schwebte. Im selben Augenblick erkannte sie, dass Zack kicherte. Sie setzte sich auf, um sich zu vergewissern, dass sie richtig sah, und Zacks Gelächter wurde so laut, dass Robin befürchtete, er würde seinen Bruder aufwecken. »Das Licht wirkte auf mich wie ein goldgelber Schein, ohne genaue Form. In meinem Herzen wusste ich jedoch, dass es einer von Zacks Engeln war. Wir waren eingehüllt von einem Gefühl der Ruhe und des Friedens.« Danach konnten Robin und ihre Jungs tief und fest schlafen.

- Eine Zeit lang weigerte sich die vier Jahre alte Shailyn, ins Bett zu gehen, so dass ihre Mutter begann, ihr Reiki-Behandlungen zu geben, während sie sie zu Bett brachte, und sagte: »Ich kuschele dich jetzt ein in wunderschönes goldenes Licht und die Engel sind hier, um dich zu beschützen und bei dir zu bleiben.« Seitdem geht Shailyn widerspruchslos schlafen.
- Die Mutter von Crystal entdeckte, dass ihre Tochter nicht schlafen wollte, wenn sie eine gewisse Zeit vorher Zucker gegessen hatte. Am Abend gab es also keinen Zucker mehr und die Schlafprobleme lösten sich auf.
- Haley hatte Albträume von Hexen und dunklen Gestalten. Ihre Mutter brachte ihr daraufhin bei, wie sie einen Raum energetisch reinigen kann. Jetzt sagt Haley zu allen unerwünschten Geistern: »Wenn ihr nicht von Gott kommt, dann müsst ihr verschwinden!« Sie stellt sich auch eine Kugel von weißem

Licht um ihr Zuhause vor, zusammen mit einem goldenen Schutzschild. Das hat die Albträume beendet und die kleine Haley stärker gemacht.

- Kathy DiMeglio hat verschiedene Dinge kombiniert, um ihrer Tochter beim Einschlafen zu helfen. Kathy sagt, dass Jasmyns Probleme aus der Angst herrühren, dass ihr nachts etwas angetan werden könnte und der Angst, von ihren Eltern getrennt zu sein. Also begann Kathy, die Chakra-Clearing-Kassette nachts laufen zu lassen. (Viele Eltern haben die Erfahrung gemacht, dass diese Kassette beruhigend wirkt, und sie reinigt rasch die Energie des Raums.) Sie fing auch an, mit ihrer Tochter zu beten und sprach mit ihr vor dem Schlafen über die Engel. Außerdem ging sie mit ihr in einen Spielzeugladen und Jasmyn durfte sich ein Stofftier aussuchen, um es mit ins Bett zu nehmen. Sie durchtrennte auch ihre Angstbänder zu ihrer Tochter. Jetzt schläft Jasmyn wunderbar und dieses Thema macht ihren Eltern keine Sorgen mehr.

Sauberwerden

Im Umgang mit dem Sauberwerden gab es kein klar erkennbares Muster bei den Kristall-Kindern. Manche Eltern erzählen, dass ihre Kinder es fast von alleine gelernt hätten, die Toilette zu benutzen, andere Eltern hatten große Mühe.

Abbies Mutter erzählt zum Beispiel, dass sich ihre Tochter mit den meisten Dingen viel Zeit lässt. »Abbie fing spät an, zu sprechen, lief erst nach ihrem ersten Geburtstag und weigerte sich strikt, auf die Toilette zu gehen, bis sie mehr als drei Jahre alt war.«

Eine andere Mutter erzählt, dass es sehr schwierig war,

weil ihr Sohn unbedingt alles alleine machen will. »Er ist sehr eigensinnig, das machte es zu einer echten Herausforderung. Er weiß sehr wohl, dass er es kann, aber er will selbst entscheiden, wann und wie.«
Manche Eltern sagten, dass es geholfen hat, dem Kind zu erklären, warum es wichtig ist zu lernen, auf die Toilette zu gehen. Einige Kristall-Kinder ließen sich erst darauf ein, es zu lernen, als sie verstanden hatten, warum.

Pedantisch oder ordentlich?

Sind die Kristall-Kinder intuitive Feng-Shui-Künstler, die wissen, dass Unordnung zu energetischem Ungleichgewicht führt? Oder sind sie einfach anfällig für neurotische Pedanterie? Ich neige mehr zu der Antwort, die auf spirituellen Fortschritt hinweist, aber wenn Sie mit einem Kristall-Kind leben, welches darauf besteht, dass alles unbedingt *so* sein soll, dann tendieren Sie in Ihrer Frustration vielleicht manchmal mehr zu der zweiten Erklärung.
Ich habe Dutzende von Geschichten darüber erhalten, wie ordentlich die Kristall-Kinder sind und wie aufmerksam sie mit ihren Sachen umgehen. Die sieben Jahre alte Hannah ist höchst empfindlich, was ihre Kleidung betrifft. Ihre Strümpfe und Schuhe müssen perfekt sitzen und die Kleidung muss angenehm leicht sein, sonst zieht sie sie nicht an. Als echte Naturkinder sind die Kristall-Kinder ohnehin lieber nackt als angezogen.
Sie lieben ordentliche, aufgeräumte Kinderzimmer und manche sorgen sogar alleine dafür. Die dreijährige Victoria hält ihr Zimmer selbst in Ordnung, obwohl sie Berge von Spielsachen, Büchern und Stofftieren hat.
Kristall-Kinder ordnen ihre Spielsachen auch gerne, während sie damit spielen. Der dreijährige Taylor liebt es,

seine Bauklötze und Spielsachen in Form von Kreuzen, Flugzeugen oder Buchstaben anzuordnen. Einmal hat er seine Spielsachen in einer einzigen langen Reihe durch das ganze Haus gelegt. Als er fertig war, rief er: »Wie schön!«

Die zwei Jahre alte Mei liebt es, die Dinge in Kategorien zu sortieren, zum Beispiel die Babypuppen und die Mutterpuppen. Sie stellt auch gerne ihre Dinosauriermodelle der Größe nach in eine Reihe.

Manchmal grenzt die Ordnungsliebe der Kristall-Kinder auch an Perfektionismus. Der drei Jahre alte William will keinen Stift benutzen, der abgebrochen war und mag sein Essen nicht mehr, wenn es von Soße »beschmutzt« ist. Und der siebenjährige Jacob besteht darauf, dass seine Bauklötze auf eine ganz bestimmte Weise geordnet sein müssen.

Es kommt wiederum darauf an, wie man es betrachtet. Man könnte es Perfektionismus nennen – was einen negativen Beigeschmack hat. Ich mag den Ausdruck von Wendy Eidman, die es »außerordentliche Kreativität« nannte, als sie von ihrer dreijährigen Tochter Emily sprach. »Emilys Konzentrationsvermögen ist höher als alles, was ich bisher erlebt habe. Sie fängt an zu malen oder zu spielen und lässt sich nicht stören, bis sie fertig ist. Das ist manchmal gut für mich, zum Beispiel wenn wir in unserem Garten die Kiefernzapfen aufsammeln. Wir haben eine riesige Kiefer im Garten, die jeden Herbst Hunderte von Zapfen abwirft. Wenn wir die aufsammeln, bleibt Emily länger dabei als die anderen Kinder. Meine Söhne sind nach fünf Minuten gelangweilt, aber nach einer Stunde sehe ich Emily immer noch im Garten bei der Arbeit! Sie lässt auch nicht gerne etwas unfertig liegen. Nachdem wir eines Tages so den Garten aufgeräumt hatten, sah ich sie auf der Schaukel

sitzen, und wann immer sie noch einen Kiefernzapfen erspähte, der unserer Aufmerksamkeit entgangen war, stieg sie ab oder hörte auf zu spielen, hob ihn auf und warf ihn in den Eimer! Emily hat großes Durchhaltevermögen. Sie weiß gerne, was auf sie zukommt und sie mag es, wenn Dinge immer gleich bleiben.
Sie regt sich zum Beispiel auf, wenn ihr Bruder beim Abendessen auf ihrem Platz sitzen will, solche Sachen. Zum Beispiel haben wir jeden Abend beim Abendessen das gleiche Gespräch: Alle am Tisch fragen einander, wie denn der Tag so war. Mein Mann Kirk antwortet darauf in der Regel: ›Mein Tag war arbeitsam.‹ Neulich sagte er jedoch. ›Mein Tag war sehr anstrengend.‹ Emily regte sich auf. ›Nein, Papa. Du musst sagen: Mein Tag war arbeitsam!‹«

Kristall-Kinder lieben Beständigkeit. Und dieses Bedürfnis nach Stabilität und Kontinuität kann man ihnen auch kaum übel nehmen in einer Welt, wo alles in Bewegung scheint. Mir erscheint dieses Bedürfnis jedenfalls erfrischend gesund!

Immer mit der Ruhe

In der neuen Welt werden wir unser Leben nicht nach Kalendern und Uhrzeiten organisieren, sondern uns auf unser inneres Zeitgefühl verlassen. Nicht durch Terminabsprachen, sondern durch Synchronizität werden wir auch dann genau zur richtigen Zeit am richtigen Ort ankommen.
Die Kristall-Kinder leben bereits nach ihrer inneren Uhr statt nach äußerer Zeitmessung. Für Eltern, die sich an bestimmte Zeiten halten müssen, kann das zum Problem

werden. Eins steht jedenfalls fest: Die Eltern von Kristall-Kindern müssen sehr viel Geduld haben – dies scheint eine der Lektionen zu sein, die sie uns Erwachsenen beibringen.
Jennifer erzählt, dass ihr sieben Jahre alter Sohn Jacob sich um nichts in der Welt je beeilt. Es läge nicht daran, dass er langsam denken würde, er nähme sich nur mit allem viel Zeit, weil er es auf eine bestimmte Art und Weise tun oder haben möchte. Er lebt nach seinem eigenen Zeitplan und nicht dem von anderen.

Die Kristall-Kinder leben bereits nach ihrer inneren Uhr statt nach äußerer Zeitmessung.

Die dreijährige Abbie ist genauso. Ihre Mutter sagt: »Sie tut die Dinge nach Abbie-Zeit und nicht dann, wenn ihre Vorschullehrerin es möchte. Sie hasst es, in einen Zeitplan gepresst zu werden. Sie will frei entscheiden. Ich weiß nicht, wie das in der Schule werden wird.«
Crystal, die Mutter der drei Jahre alten Zoey erzählt: »Meiner Meinung nach braucht man sehr viel Geduld im Umgang mit Kristall-Kindern, denn sie sind alte Seelen, die sich Zeit lassen, alles zu betrachten, es zu untersuchen und dann geben sie uns Rückmeldung, was sie davon halten. Zoey sitzt so lange da, bis sie herausgefunden hat, wie sie ihre Schuhe zubinden, ihre Knöpfe schließen, ihre Zähne putzen und ihre Haare bürsten kann. Ich versuche, möglichst geduldig zu sein, weil ich verstehe, dass sie ihre Zeit braucht. Sie ist nie in Eile und mag nicht gedrängt werden.«

Die Kristall-Kinder wissen, dass es gesund ist, ruhig und gelassen zu bleiben, anstatt sich Sorgen darüber zu machen, ob man auch pünktlich ist. Sie wissen bereits, dass die Zeit nicht absolut ist, dass sie gebeugt und verzerrt werden kann, so dass man immer rechtzeitig ankommt – selbst wenn es anders scheint.

Tiefe Verbundenheit und das Bedürfnis nach Aufmerksamkeit

Kristall-Kinder haben eine besondere Beziehung zu einem oder beiden von ihren Eltern oder Großeltern, wer auch immer sie am besten auf einer tiefen Ebene verstehen kann. Wenn diese Verbundenheit erst einmal hergestellt ist, sind die Kinder nur äußerst ungern von diesem Menschen getrennt. Sie brauchen diese Person, um sich wohl und verstanden zu fühlen und zum Schmusen. Diese Kinder entwickeln manchmal Trennungsängste, weil sie fürchten, dass andere Menschen sie nicht so gut verstehen. Vielleicht fürchten sie auch, dass andere Kinder oder Erwachsene ihnen übel wollen. Empfindlich wie sie sind, versuchen sie, Leiden zu vermeiden, indem sie sich an einen vertrauenswürdigen Erwachsenen halten.

Timothy erzählt zum Beispiel, dass seine sechs Monate alte Tochter Julia immer auf dem Arm sein will. »Wir können sie keine Minute hinlegen.«

Pam erzählt von ihrer vierjährigen Tochter Hannah, dass sie schon mit riesigen Verlassenheitsängsten hier angekommen sei. Sie will auf keinen Fall allein und vor allem nicht von ihrer Mutter getrennt sein.

Manche Eltern sehen einen metaphysischen Hintergrund für dieses Klammern. Carri Lineberry zum Beispiel sagt, dass ihre drei Jahre alte Tochter Maia sehr an ihr hängt.

»Ich habe das Gefühl, dass meine Beziehung zu ihr sehr wichtig ist. Ich denke, ich bin eine Art erdende Kraft für sie.«

Zwölf

Ratschläge von Eltern, Lehrern und den Kristall-Kindern selbst

Als Eltern, Großeltern, Erzieher und Lehrer von Kristall-Kindern haben Sie eine heilige, wichtige Aufgabe. Sie haben sich spirituell dazu verpflichtet, diese Seele bei dem schwierigen Balanceakt zwischen dem Erhalt von hohen spirituellen Frequenzen mit erstaunlichen telepathischen und sensitiven Begabungen einerseits und dem Umgang mit dem irdischen Dasein andererseits zu begleiten und zu führen. Ihre Aufgabe ist nicht leicht, aber glücklicherweise steht Ihnen von »irdischen und himmlischen« Engeln viel Hilfe zur Verfügung.
Alle, die ich befragt habe, gaben gerne ihre selbsterprobten Ratschläge und persönlichen Erfahrungen weiter.

Engel und Gebete: Cynthia Berkeley sagt, dass sie es sehr hilfreich findet, innerlich die Schutzengel ihrer Kinder zu bitten, diese zu beruhigen, vor allem wenn die Kinder beim Autofahren zu aufgedreht sind.

Begreifen, dass sie visuell sind: Menschen, deren rechte Gehirnhälfte dominant ist, haben ein visuelles Gedächtnis statt einem verbal orientierten. Sie prägen sich zum Beispiel das Buchstabieren dadurch ein, wie ein Wort *aussieht* und nicht wie es klingt. Catherine Poulton sagt, es hilft ihr, sich immer wieder daran zu erinnern, dass ihr Sohn Informationen anders speichert als sie. Als er zwei Jahre alt war, fand Kylan es schwierig, das Alphabet zu lernen, aber als er eines Tages durch eine Zeitschrift blätterte, zeigte er auf ein Bild und sagte ganz richtig: »Das ist George Washington.« Daran erkannte Catherine, wie sehr er visuell orientiert ist.

Erklären statt fordern: Der Versuch, ein Kristall-Kind zu etwas zu zwingen, führt nur zu Machtkämpfen. Pam Caldwell erzählt, dass ihre vier Jahre alte Tochter Hannah gutwillig und umgänglich ist – solange man nicht versucht, sie zu etwas zu zwingen. »Wenn man ihr jedoch einmal erklärt hat, warum es notwendig ist, macht sie entweder mit oder findet eine bessere Lösung.« Pam hat herausgefunden, dass sie am besten zu Hannah wie zu einer Erwachsenen spricht, allerdings in altersgemäßen Worten. Penny, auch Mutter eines Kristall-Kindes, ist der gleichen Meinung. »Man muss sie anders sein lassen und nicht versuchen, sie in das allgemeine Schema zu pressen. Es ist nicht notwendig, sie zum Sprechen zu treiben, da man auch auf einer instinktiveren Ebene mit ihnen kommunizieren kann. Sie sprechen, wenn sie so weit sind, wenn sie die Notwendigkeit zu verbaler Kommunikation erkennen. Meistens geschieht das, wenn sie mit Menschen zusammentreffen, die ihre persönliche Art der Kommunikation nicht so gut zu verstehen scheinen.«

Elternbindung: Etliche Eltern sagten, dass eine starke Elternbindung wohl der den Kristall-Kindern entsprechende Erziehungsstil sei. Nach dieser Philosophie ist es ratsam für die Eltern, körperlich und emotional eine enge Beziehung zu dem Kind einzugehen, indem sie besonders aufmerksam sind, lange stillen, es viel herumtragen, mit dem Kind zusammen schlafen und insgesamt ein sanftes, freundliches Umfeld herstellen. Es gibt viele Bücher und Internetseiten über diese Art der Elternschaft.

Tiere einbeziehen: Misty hatte eine gute Idee: »Wenn meine zwei Jahre alte Tochter Leah sich anstellt, sage ich zu ihr: ›Die Katzen gucken dir zu!‹ Das bringt sie sofort zur Ruhe.« Scheinbar will Leah nicht den Respekt der Katzen verlieren.

Leben und leben lassen: Melissa, die Mutter des sieben Jahre alten Liam sagt: »Ich bin nicht streng. Ich bin keine Sklaventreiberin. Ich lasse meinen Sohn so sein, wie er ist. Liam weiß instinktiv, was zu tun ist und er tut es. Da gibt es keinen Streit und keine Schimpferei. Ich bin ehrlich und direkt ihm gegenüber und er erwidert mir in der gleichen Haltung. Wir sind eine glückliche, gelassene und liebevolle Familie, die mit all ihren Dysfunktionalitäten gut funktioniert.«
Eine andere Mutter namens Sue zieht den Schluss: »Diese Kinder brauchen Freiheit und Auslauf, um glücklich zu sein. Wenn sie schlecht gelaunt aus der Schule kommen, dann deswegen, weil sie genug davon haben, den ganzen Tag eingesperrt zu sein. Sie brauchen die Freiheit, um sich selbst zu spüren.«

Sich um sich selbst kümmern: »Die Eltern von Kristall-Kindern brauchen ihre eigene Zeit für Yoga, Meditation und zur stillen Besinnung auf ihre eigene göttliche Führung. Schreiben Sie Tagebuch. Schreiben Sie Briefe an Ihre Kristall-Kinder – das ist nicht nur ein wunderbares Geschenk für sie, wenn sie größer sind, sondern es hilft Ihnen auch, sich an die vielen wunderbaren Begebenheiten zu erinnern, die sich im Laufe der Jahre ereignen.«

Nicht von oben herab: Crystal erzählt, dass ihre drei Jahre alte Tochter Zoey sich aufregt, wenn jemand sie herumkommandiert oder von oben herab behandelt. Es ist wichtig, mit Kristall-Kindern auf die gleiche Weise zu reden wie mit einem guten Freund.

Singen und Tönen: Sue, die Mutter von zwei Kristall-Kindern, erzählt, dass sie und ihr Mann Darren jede Nacht vor dem Einschlafen für ihre Kinder tönen. Die Kinder bitten jetzt schon darum: »Mami, kannst du bitte wieder dieses *Oooohhhh* für mich machen?«

Schule: Eltern, die ihre Kinder zu Hause unterrichten oder zu Waldorf-Schulen schicken können, berichten, dass ihre Kristall-Kinder sehr glücklich dabei sind und gut lernen.
Die Mutter eines Vierjährigen berichtet, dass ihr Sohn den Waldorf-Kindergarten besucht und dass sie seitdem positive Veränderungen in seinem Selbstvertrauen, seinem Sozialverhalten und seinem Vorstellungsvermögen bemerkt hat. Wenn es Ihnen nicht möglich ist, diesen Ansatz zu verfolgen, gibt Michelle ein gutes Beispiel für einen anderen Weg. Sie erzählt, dass ihr Sohn Robert sehr viel weiter war als seine Klassenkameraden. »Er ist sehr schlau und wissbegierig, deswegen lassen wir ihn zusätzlich zur Schule auch zu Hause unterrichten.« Sie sagt auch, dass Robert eine Vorliebe für kreative Tätigkeiten, Pläne und Strukturen hat. Mehrere Eltern erzielten gute Ergebnisse damit, dass sie ihren Kindern beim Lernen halfen.

Meditation: Catherine, Mutter des fünf Jahre alten Kylan, sagt: »Mein Sohn liebt es, zu meditieren und zu beten.«

Fernöstliche Übungen: Tai Chi, Qi Gong, Yoga und Karate sind wunderbare Ventile für jugendliche Energie

und ein guter Weg, um Kristall-Kindern zu zeigen, wie sie mit ihrer eigenen und der Energie von anderen umgehen können.
Catherines Sohn Kylan liebt seinen Karate-Unterricht. »Er lernt dort, seine innere Kraft effektiv einzusetzen«, erzählt seine Mutter. »Er hat einen wunderbaren Lehrer und es gibt dort keine Konkurrenz. Außerdem lernt er durch die Karate-Übungen, ein schützendes Feld um sich herum aufzubauen, so dass er mitfühlend sein kann, ohne die Energie der anderen Menschen in sich aufzunehmen. Und er lernt, sich gut zu erden und zu reinigen.«

Aufmerksam sein und die Wahrheit sagen: Denise, die Mutter der fünfjährigen Alice, rät: »Seien Sie immer aufmerksam. Diese Kinder wollen nicht ignoriert werden. Verbiegen Sie auch niemals die Wahrheit oder lügen Sie sie gar an. Sie erkennen jede Lüge und regen sich auf, wenn sie ihre Eltern dabei erwischen. Brechen Sie auch nie ein Versprechen, das ist diesen Kindern sehr wichtig.«

Geduld: Andrea, die Mutter der dreijährigen Abbie, rät den Eltern von Kristall-Kindern zu viel Geduld. »Sie sind nicht wie andere Kinder und haben vielleicht viel mehr zu geben, wenn man sie lässt – d.h. wenn man nicht versucht, sie dem anzupassen, wie diese Gesellschaft meint, dass Kinder sein sollen.«

Beständigkeit: Viele Eltern berichten, dass es ihren Kindern besser geht, wenn sie einen regelmäßigen Essens- und Schlafrhythmus haben. Untersuchungen haben gezeigt, dass Kinder sich sicher fühlen, wenn sie wissen, was sie zu erwarten haben. Mary, die Mutter von zwei Kristall-Kindern sagt, dass es besser geworden ist, seit sie ihre Kinder jeden Abend um die gleiche Zeit zu Bett bringt – und dabei ausgiebig mit ihnen kuschelt.

Von ihnen lernen: Cynthia, die Mutter von zwei Kristall-Kindern, erinnert uns daran, dass diese Kinder unsere Lehrer sind. »Wir können diesen Kindern beibringen, wie diese dreidimensionale Wirklichkeit funktioniert und wie man da mitspielen kann, aber eigentlich sind sie hier, um uns sehr viel mehr beizubringen. Wenn man nicht vom Herzen kommt, merken es diese Kinder. Wenn Sie davon ausgehen, dass diese Kinder ungezogen sein werden, raten Sie mal, was sie tun? Sie werden ungezogen sein. Achten Sie auf Ihre eigene Integrität und Ihre Erwartungen. Diese Kinder lesen in uns wie in einem Buch und spielen damit.«

Visualisationen: Da Kristall-Kinder höchst visuell veranlagt sind, kann man ihnen mit Visualisationsübungen helfen, mit ihren Stimmungen umzugehen und ihre Absichten zu manifestieren. Hier ist eine wunderbare Übung, die die Grundschullehrerin Rosie Ismail in ihren Klassen verwendet:
»Während der letzten vier Jahre habe ich in meiner persönlichen Heilarbeit mit Visualisationen und Farben gearbeitet. Als mir klar wurde, wie effektiv das Visualisieren der Farbe Rosa ist, fing ich auch in meinen Klassen damit an und erzielte bei den Kindern wundervolle Ergebnisse. Rosa ist eine heilende, liebevolle Farbe, die einem selbst Frieden und Harmonie bringt und es auch auf andere ausstrahlt.
Ich nenne diese einfache Übung ›Das rosa Zauberlicht‹. Ich fordere die Kinder auf, ihre Augen zu schließen und

mit mir zusammen fünf oder sechs Mal langsam tief ein- und auszuatmen. Als Nächstes sollen sie sich an ihren Fußsohlen rosafarbenes Licht vorstellen, das langsam hochsteigt, und sich dabei um ihren ganzen Körper dreht. Ich sage ihnen, dass es egal ist, ob sie das rosa Zauberlicht wirklich sehen, dass es aber sehr stark ist, auch wenn sie nur daran denken. Sie sollen sich dann das rosa Licht als etwas sehr Magisches vorstellen, was sie einhüllt wie eine kuschelige Decke. Dann schlage ich ihnen vor, in dieses rosa Zauberlicht einen Wunsch hineinzugeben und es einzuatmen. Wir beenden die Übung mit zwei sehr tiefen Atemzügen. Dann sollen die Kinder wieder ihre Augen öffnen und sich strecken. Nach meiner Erfahrung sind die Kinder danach ruhiger, fröhlicher und liebevoller.«

Energetische Unterstützung: Diese sensiblen, medialen Kinder brauchen unsere Hilfe! Sie saugen die Energie anderer Menschen auf wie Schwämme, auch die ihrer wohlmeinenden Eltern! Der ebenfalls medial begabte David Morelli gibt am Psychic Horizons Center in Boulder, Colorado spirituelle Kurse für Kinder. Er arbeitet auch als Montessori Lehrer. David erzählt:
»Bei einer der Methoden, die ich in meinem Kurs den Kindern beibringe, sollen sie sich vorstellen, sie hätten eine Seifenblase zwischen ihren Händen, in die sie all die ›eklige‹ Energie hineingeben. Und dann klatschen sie in die Hände und zerschlagen so die Seifenblase. Sie können die Energie von allem Möglichen da hineingeben, auch von ihren Eltern, ihren Lehrern oder Freunden, und sie einfach zerklatschen. Danach sollen sie sich eine fröhliche goldene Energie über ihren Köpfen vorstellen, die ihren ganzen Körper durchströmt. Das füllt dort wieder Energie auf, wo vorher welche wegenommen wurde.«

Eltern von Kristall-Kindern sollten sich mit Yoga und Meditation befassen und sich immer wieder zurückziehen, um sich ihrer eigenen göttlichen Führung bewusst zu werden.

Einfach lieben: Gloria, die Mutter von zwei Kristall-Kindern und einem Indigo-Kind, rückt die Elternschaft in die richtige Perspektive: »Ich habe gelernt, dass Liebe das Wichtigste von allem ist. Es ist wichtig, liebevoll und fürsorglich zu sein. Schließlich sind wir nicht hierher gekommen, um Rechnen zu lernen. Mit den Kindern zu lachen und Spaß zu haben ist das beste Gefühl, was es gibt, also tun Sie es! Wenn die Milch auf den Fußboden gekippt ist, ziehen Sie eine lustige Grimasse. Wenn es draußen regnet, tanzen Sie mit den Kindern im Regen. Lieben Sie sie!«

Kindermund

Etliche Kristall-Kinder hatten den Erwachsenen auch etwas von ihrer Weisheit mitzuteilen:

Audrey (5 Jahre): »Ich möchte, dass die Menschen uns durch dieses Buch verstehen lernen.«

Crystal (6 Jahre), wurde von ihrer Mutter gefragt, was sie den Menschen gerne sagen würde. Sie antwortete: »Liebe. Liebe und hilf anderen Menschen und sei freundlich.«

Robert (6 Jahre): »Ich kann nur sagen, dass ich jedem im Universum (falls es Leben auf anderen Planeten gibt) ein gutes Leben wünsche, ein gutes Herz und gutes Essen. All ihr Erwachsenen, die ihr den Kristall-Kindern helft: Ihr müsst sie beschützen, mit ihnen spielen und lesen.«

Colin (4 Jahre) antwortete auf die Frage seiner Mutter, was er den Menschen gerne sagen würde: »Dass Gott und die Engel immer bei ihnen sind, selbst wenn sie sich fürchten.«

Haley (3 Jahre): »Ich bitte in meinem Gute-Nacht-Gebet meine Engel, mir Träume voller Licht zu bringen.«

Hannah (7 Jahre): » Der Goldtopf am Ende des Regenbogens verschwindet, seid also dankbar für das, was ihr habt.«

Jacob (7 Jahre): »In Zukunft muss jeder wissen, dass wir alle zurück kommen, nachdem wir gestorben sind.«

Kylan (5 Jahre): »Ich möchte über diesen Planeten sagen, dass er Liebe in sich hat, und Freude, und ein Herz. Die Menschen können sich helfen, indem sie Zettel an die Wand heften, auf denen steht: ›Sei fröhlich!‹«

ANHANG

Auszüge aus Doreen Virtues Rundbriefen über die Kristall-Kinder

Kristall-Kinder können Einzelgänger sein

»Hilfe! Mein Kristall-Kind will nicht mit anderen Kindern spielen!« Diese Klage höre ich oft.

Wie wir alle wissen, sind diese neuen Kinder unglaublich sensitiv. Genau wie die Indigo-Kinder scheinen sie die Integrität ihres Gegenübers zu spüren. Sie erkunden auch genau die Energie anderer Menschen.

Kristall-Kinder fühlen sich zu warmherzigen, friedlichen, offenen Menschen und zu Hilfsbedürftigen hingezogen. Sie scheuen vor Menschen zurück, die sie als unzentriert, zornig, überdreht oder unehrlich empfinden.

Indigo-Kinder und Lichtarbeiter sind auch sehr empfindsam und meiden die Gesellschaft von Menschen, die nicht integer sind oder unausgeglichen . Die Lichtarbeiter schlucken jedoch ihre Gefühle herunter, ignorieren ihre Intuition und verbringen trotzdem Zeit mit solchen Menschen. Auch die Indigo-Kinder missachten ihre Gefühle und bleiben in der Gesellschaft unsensibler Menschen – zumindest für eine Weile.

Die Kristall-Kinder dagegen meiden negative oder vergiftete Beziehungen grundsätzlich. Sie bleiben lieber allein, in der Gesellschaft von Pflanzen, Tieren, anderen Kristall-Kindern, einer vertrauten Person oder einem liebevollen, empfindsamen Menschen.

Deswegen spielen Kristall-Kinder am liebsten mit anderen Kristall-Kindern. Zeit zum Spielen ist wichtig und in der sozialen Interaktion lernt man viele nützliche Dinge. Es wäre jedoch unklug, Kristall-Kinder gegen ihre Intuition dazu zu drängen, sich mit unsensiblen Kindern abzugeben. Verlassen Sie sich lieber auf das Kind und sehen Sie seine Wahrnehmung als richtigen Indikator.

Schließlich trauen wir auch unserem Hund, wenn er einen Menschen nicht leiden kann. »Jetzt weiß ich, dass ich bei diesem Menschen vorsichtig sein sollte!«, denken wir uns. Sollten wir der natürlichen Zuneigung oder Abneigung unserer Kinder nicht mindestens ebenso viel Glaubwürdigkeit beimessen?

Wo können Sie andere Kristall-Kinder treffen, mit denen Ihr Kind spielen kann? Sie können mit virtuellen Kontakten im Internet anfangen, wie zum Beispiel dem Message Board von www.TheCrystalChildren.com. Und da die Kristall-Kinder sich spirituell orientierte Eltern oder Großeltern aussuchen, werden Sie solche Menschen wahrscheinlich auf entsprechenden Seminaren und Vorträgen, in esoterischen Buchläden, Naturkostläden oder in Yoga-Kursen finden. Sie können auch eine spezielle Elterngruppe für die Eltern von Indigo- und Kristall-Kindern in Ihrer Umgebung ins Leben rufen und dies in entsprechenden Magazinen, Buchläden und Bioläden ankündigen. Damit können Sie vielen Eltern und Kindern helfen.

(August 2003)

Ältere Kristall-Kinder und die Kristall-Kinder des Übergangs

Seit der Veröffentlichung meines Buches über die Kristall-Kinder habe ich mit immer mehr Menschen über diese Kinder gesprochen. In letzter Zeit zeichnen sich dabei ganz klar zwei Themen ab: die älteren Kristall-Kinder und die Kristall-Kinder des Übergangs.

Die meisten Kristall-Kinder wurden nach 1994 geboren, aber auch schon früher sind ein paar hierher gekommen, »um die Situation zu erkunden«. Sie hatten die Aufgabe, die gegenwärtigen Energiemuster dieses Planeten und seiner Bevölkerung zu erforschen, um sicherzustellen, dass die Erde auch bereit dafür ist, mit Kristall-Kindern bevölkert zu werden. Manche dieser älteren Kristall-Kinder sind jetzt in ihren Zwanzigern.

Diese älteren Kristall-Kinder zeichnen sich durch die gleichen Merkmale aus wie die jüngeren: Große Augen, eine Haut, durch deren Poren Licht zu dringen scheint, ein sanftes, liebenswertes Wesen und sehr hohe Empfindsamkeit. Genauso wie die älteren Indigo-Kinder (Menschen, die mit eindeutigen Indigo-Charakteristika in den Fünfzigern und Sechzigern geboren wurden), haben auch die älteren Kristall-Kinder oft das Gefühl, fehl am Platz zu sein und nicht dazuzugehören. Ihre Bezugsgruppe ist zehn bis fünfzehn Jahre jünger als sie.

Älteren Kristall-Kindern geht es am besten in der Gesellschaft anderer sanfter Seelen. Sie finden auch bei Pflanzen und Tieren Trost. Für ältere Kristall-Kinder ist es ganz wichtig, in einem ruhigen Umfeld zu leben, weit weg von streitenden Menschen und nahe bei Bäumen, Blumen und Tieren. Wenn sie sich in einer raueren Umgebung aufhalten, kann es hilfreich sein, über Kopfhörer Musik zu hören und das als energetischen Schutzschild zu verwenden. Die gleiche Wirkung hat auch ein Kristall-Anhänger, der über dem Herzen getragen wird.

Eine Verbindung zu den Engeln kann älteren Kristall-Kindern helfen, Beziehungen, Arbeit und Lebenssituationen zu manifestieren, die zu ihrem sanften Wesen

passen. Es ist wichtig für sie, Situationen von Ausnutzung nicht passiv hinzunehmen. Manche älteren Kristall-Kinder sind äußerst konfliktscheu und vermeiden Streit um jeden Preis. In diesen Fällen muss dieser Mensch seine metaphysischen Kräfte einsetzen und die missbräuchliche Situation mit Hilfe von Affirmationen, Visualisationen, Gebeten und Meditationen aufzulösen suchen. Niemand – und sei er noch so liebend und sanftmütig – sollte in einer Situation ausharren, in der er ausgenutzt wird.
Die älteren Kristall-Kinder, denen ich begegnet bin, gaben mir viel Hoffnung für die Zukunft der jüngeren Kristall-Kinder. Diese Älteren haben es geschafft, ihre Freundlichkeit beizubehalten, ohne in Zynismus oder Sarkasmus abzustürzen. Meiner Ansicht nach liegt das daran, dass sie sich bei der Gestaltung ihres Lebens auf ihre Intuition und göttliche Führung verlassen, anstatt Schutzmauern gegen das Leiden zu errichten.
Das erinnert mich an ein Spiel, welches mein Vater früher öfter mit mir gespielt hat. Dieses Spiel hat mir geholfen, meine intuitiven und medialen Fähigkeiten bis in mein Erwachsenenalter hinein zu behalten und zu entwickeln. Mein Vater versteckte dazu verschiedene Gegenstände im Haus und forderte mich dann auf, sie mit Hilfe meines Empfindens und meiner Gefühle zu finden. Er ging mit mir mit und sagte: »wärmer« oder »kälter«, um mich zu führen. Das war mein erster Unterricht zur Entwicklung meiner intuitiven Fähigkeiten und ich weiß sie heute zu schätzen. Mit Ihren Indigo- oder Kristall-Kindern können Sie das Gleiche machen.

Kristall-Kinder des Übergangs besitzen sowohl die Merkmale der Indigo- als auch der Kristall-Kinder. Das ist so ähnlich wie bei einem Menschen, der um den Einund-

zwanzigsten eines Monats herum Geburtstag hat und damit die Merkmale beider Sternzeichen aufweist.
Diese Kinder sind heute (im Jahre 2003) meist neun bis zwölf Jahre alt und repräsentieren den energetischen Wandel von der Indigo-Generation, die in Wellen in den Jahren 1975 bis 1995 hierher kam, und der Kristall-Generation, die seit 1995 hier ankommt.
Diese Übergangs-Kristall-Kinder sind sehr empfindsam und liebevoll und begeistern sich für Tiere und Pflanzen. Sie sind zauberhafte Menschen, die auch die zornige Kriegernatur der Indigos in sich tragen. Sie können manchmal den Anschein erwecken, als würden sie völlig die Kontrolle verlieren, vor allem wenn ihre Nahrung Zusatzstoffe enthält oder sie in einem spannungsvollen Umfeld leben. Sie sind wahre Zwitter, die manche Eltern zur Verzweiflung bringen können.
Wenn wir uns daran erinnern, dass empfindsame Kinder uns Hinweise und Rückmeldungen über Stressfaktoren ihrer Umgebung liefern, dann können wir ihren Hinweisen folgen und unser Heim und die sozialen Gegebenheiten friedvoller gestalten. Wenn das Kind unter groben Energien leidet und deswegen schwierig wird, dann wird diese grobe Energie wahrscheinlich auf einer gewissen Ebene auch andere in diesem Umfeld beeinträchtigen. Die Kristall-Kinder des Übergangs reagieren nur aufmerksamer auf grobe Energien und bringen ihr Unbehagen deutlicher zum Ausdruck. Statt mit dem Kind zu schimpfen, könnten Sie ja auch die Quelle der groben Energie heilen.

Die Kristall- und die Indigo-Kinder sind in jeder Hinsicht ein Geschenk für uns Eltern – und ein Geschenk für die Welt. Ihre hohe Empfindsamkeit wird uns helfen, diesen Planeten von Unaufrichtigkeit und Gier zu reinigen und

diese durch Kooperation, Großzügigkeit und Manifestationskraft zu ersetzen. Unsere heilige Aufgabe ist es, sicherzustellen, dass die spirituellen Gaben dieser Kinder blühen und gedeihen können. Wenn wir in dieser Absicht leben, werden wir alle mit Sicherheit auch spirituell wachsen.
(Juli 2003)

Die Regenbogen-Kinder

Die Engel sagen: »Die Rückkehr der weiblichen Energie zu diesem Planeten erweckt die Energie, welche die Regenbogen- und die Kristall-Kinder wieder auftauchen lässt. Diese neugeborenen Menschen bringen eine Qualität der vollkommenen energetischen Balance zu diesem Planeten, um uns ein Vorbild für die Fähigkeiten der Menschheit zu sein. Die Regenbogen-Kinder, die zur Zeit zurückkehren, helfen der Erde, wieder in den Fluss der Liebe zurückzufinden. Sie zeigen, dass wir mit Spaß, Lachen und einem leichten Herzen ›produktiver‹ sind als mit Mühen und Leiden. Sie sind wahrhafte Wegweiser und die neue, weibliche, mütterliche Energie ist das Licht, welches ihre ›Große Rückkehr‹ ermöglicht.«
Wer sind die Regenbogen-Kinder? Die Engel sagen, dass sie gerade erst anfangen, sich auf diesem Planeten zu zeigen. Die bereits hier inkarnierten Regenbogen-Kinder sind die Kundschafter, die einer größeren Population immer vorausgehen. Es gab Indigo-Kundschafter, die schon vor den Siebzigern geboren wurden und Kristall-Kundschafter, die vor den Neunzigern das Licht dieser Welt erblickten.
Die Engel sagen: »Die Regenbogen-Kinder sind in ihren männlichen und weiblichen Energien vollkommen ausgeglichen. Sie sind selbstbewusst, ohne aggressiv zu sein; sie

sind mühelos intuitiv und medial; sie haben übersinnliche Fähigkeiten und können die Zeit verbiegen, sich unsichtbar machen und ohne Schlaf und Nahrung auskommen.«

Die Sensitivität der Kristall-Kinder macht sie anfällig für Allergien und Hautausschläge. Die Engel sagen, dass die Regenbogen-Kinder diesen Aspekt überwunden haben und in der Lage sein werden, in der Welt zu leben, ohne von ihr aus dem Takt gebracht zu werden. Anders gesagt, die Regenbogen-Kinder werden in der Lage sein, mit all ihrer Empfindsamkeit ins Auge des Orkans zu gehen, ohne an den rauen Energien Schaden zu nehmen.

Der größere Anteil der Regenbogen-Kinder wartet, bis die Kristall-Kinder im gebärfähigen Alter sind, um als ihre Kinder geboren zu werden. Im Augenblick kommen sie zu älteren Kristall-Kinder-Kundschaftern und zu Lichtarbeitern oder Indigo-Eltern, die in seelischem Gleichgewicht und Frieden sind.

Die Regenbogen-Kinder haben kein Karma, daher brauchen sie auch keine chaotische Kindheit, an der sie spirituell wachsen können. Sie kommen hierher zur Erde als ein Zeichen der zunehmenden Wertschätzung und Verbindung der Menschheit mit der göttlichen Erdmutter Gaia. Sie kommen hierher zur Erde zu einer Zeit, da das patriarchalische Monopol ein Ende findet, da eine unausgeglichene männliche Energie diesen Kindern keine Grundlage bieten würde.

Der Erzengel Metatron, der über diese neuen, sensitiven Kinder wacht, sagt dazu: »Das menschliche Energiefeld hat sich eng aufgewunden wie eine Sprungfeder, ohne Spielraum für spirituelles Wachstum oder Bewegung. Der Stress des ständigen Strebens nach Geld hat den menschlichen Lichtkörper wie eine Kugel zusammengepresst. Die Regenbogen-Kinder sind hier, um die menschliche Aura und den Lichtkörper wieder freizusetzen zu der wunderbaren Schönheit, wie sie gedacht war. Man könnte sagen, dass sie kollektiv eure Flügel entfalten, und sie tun das von der Ebene aus, die ihr ›Himmel‹ nennt.

Bevor sie diesen Planeten wieder bevölkern können, ist jedoch ein gewisser Reinigungsprozess nötig. All eure Waffen müssen niedergelegt werden und eure Bevölkerung muss die Empfindsamkeit ihres Lichtkörpers wieder erwecken. Lasst Emotionen in all ihren Farben und Arten zu! Erlaubt euch, das gesamte Spektrum der Emotionen zu spüren! Dabei setzt ihr eure wunderbaren Kräfte frei und heilt alle Scham bezüglich eurer Schattenseite. Das wiederum erhellt und stärkt eure Aura, was dem Schatten ermöglicht, sich weiter nach oben zu bewegen, wo er eure Farben nicht länger trübt und dämpft.«

Wir bereiten uns also persönlich und kollektiv auf das vor, was die Engel die »Große Rückkehr« der Regenbogen-Kinder nennen. Das lässt darauf schließen, dass die Regenbogen-Kinder schon einmal hier waren, also fragte ich die Engel nach ihrer Geschichte. »Die Regenbogen-Kinder sind die ursprünglichen Bewohner eures Planeten«, antworteten sie. »Sie sind die DNS-Funken, die den ursprünglichen Impuls des menschlichen Lebens auf der Erde ausmachten. Sie haben sich ihre Reinheit erhalten und auf den Zeitpunkt gewartet, an dem der Schatten der menschlichen Gewalt ohne Angst erkannt und damit gelüftet werden kann. Wenn ihr zugebt, dass ihr diese gewaltbereite Unterströmung in euch habt, dann braucht ihr diese Energie nicht länger zu verstecken und ihre Auswirkungen nach außen zu projizieren. Statt dessen könnt ihr Mitgefühl mit diesem Instinkt haben und der Evolution erlauben, ihn zusammen mit anderen, nicht mehr benötigten Instinkten, ins Licht zu geben. Gewalt

entsteht aus der Vorstellung, dass ihr für die Befriedigung eurer Bedürfnisse miteinander konkurrieren müsst, was, wie ihr wisst, nicht wahr ist.
Die Regenbogen-Kinder leben aus reiner Freude, nicht aus Impulsen oder Bedürfnissen. Die Babys werdet ihr daran erkennen, dass sie ihren Eltern eine Energie des Gebens vermitteln und nicht der Bedürftigkeit.Und die Eltern werden feststellen, dass sie ihren Regenbogen-Kindern nie entsprechend zurückgeben können, denn diese Kinder sind ein Spiegel alles Liebevollen. Welche liebenden Gedanken, Gefühle oder Handlungen auch immer Ihr ihnen sendet, sie fließen um ein Hundertfaches verstärkt zurück.«
(November 2003)

Über die Autorin

Doreen Virtue ist eine hellsichtige Metaphysikerin mit verschiedenen Abschlüssen in Psychologie. Die frühere Leiterin eines Rehabilitationsprogramms für drogen- und alkoholsüchtige Jugendliche arbeitet heute in ihren Veröffentlichungen und Seminaren mit Engel-Therapie.

Doreen Virtue hält weltweit Seminare und Vorträge. Genaue Termine entnehmen Sie bitte ihrer Website www.AngelTherapy.com.
Sie hat auch eine spezielle Website für die Kristall-Kinder eingerichtet (www.TheCrystalChildren.com), über die sich Eltern, Lehrer und auch die Kristall-Kinder selbst untereinander austauschen können.

James Twyman

Abgesandte der Liebe

Während eines Vortrags in San Francisco begegnet ihm eines Abends ein zehnjähriger Junge namens Marco, der seinen Zeigefinger berührt. Danach kann James Twyman plötzlich Löffel verbiegen, Gedanken lesen und innere Bilder übertragen. Es stellt sich jedoch heraus, dass keiner außer ihm das Kind gesehen hat! Der Junge hatte gesagt, dass er aus Bulgarien käme und dass es noch mehr Kinder wie ihn gäbe. Ohne jeden weiteren Anhaltspunkt bricht James Twyman zu einer abenteuerlichen Reise nach Bulgarien auf, um Marco wiederzufinden. In einem Kloster in den bulgarischen Bergen begegnet er einer Gruppe außergewöhnlicher Kinder, die eine Botschaft an die Welt haben – und James Twyman soll diese Botschaft vermitteln!

Das Vorwort ist von Neale Donald Walsch, Autor von „Gespräche mit Gott".

192 Seiten, gebunden

€ 17,40

ISBN3-936862-05-2

Doreen Virtue

Das Praxisbuch für Indigo-Eltern

Das Praxisbuch für Indigo-Eltern befasst sich mit den ungewöhnlichen psychologischen Merkmalen und den besonderen Eigenschaften der Indigo-Kinder. Die Autorin und Mutter von vier Indigo-Kindern beschreibt sehr eindrucksvoll, wie man im Alltag auf natürliche Weise mit Indigo Kindern umgehen kann.

Mit diesem bahnbrechenden Praxisbuch werden Sie umgehend positive Veränderungen im Umgang mit Indigo-Kindern erreichen. Sie werden in der Lage sein, die Zukunft der Kinder auf eine wunderbare Weise zu gestalten.

Paperback, 225 Seiten

€ 17,40

ISBN 3-929512-18-1

Angela McGerr

In Harmonie mit Engeln

Jeder der sieben Wochentage wird von einem bestimmten Engel regiert. Diese Zuordnung, die sich aus alten Quellen, wie den Schriftrollen vom Toten Meer ergibt, zieht sich durch alle Bereiche, wie Steine, Pflanzen und Farben und betrifft alle Themen des menschlichen Lebens, Beziehungen, Emotionen, Gesundheit etc.

Angela McGerr, die seit vielen Jahren Engelseminare leitet, vermittelt dieses Wissen und zeigt uns, wie wir es praktisch umsetzen können, wie wir in direkte Kommunikation mit unserem persönlichen Schutzengel und den für bestimmte Themenbereiche und Probleme zuständigen Engeln treten können.

Doch unabhängig vom Thema – dieses Buch ist in sich selbst ein Kunstwerk mit den Bildern von Richard Rockwood, eine Augenweide, kreativ und liebevoll gestaltet und von daher auch ein herrliches Geschenk für Engelfreunde und solche, die es werden wollen.

96 Seiten, gebunden, 4-farbig

€ 21,95

ISBN 3-936862-39-7